L'obsession du citoyen

Guide de gestion municipale pour des milieux de vie sains, durables et inclusifs

Nouvelle édition

Cet ouvrage a été rendu possible grâce à la contribution financière des ministères suivants :

Québec ::

Ministère de la Santé et des Services sociaux

Ministère des Affaires municipales, des Régions et de l'Occupation du territoire

Ministère du Développement durable, de l'Environnement et des Parcs

La somme qui a été attribuée par l'Association pour la santé publique du Québec au Réseau québécois de Villes et Villages en santé en 2006, dans le cadre du Prix Jean-Pierre Bélanger, a été allouée à la production de cet ouvrage.

Merci à **Paul Montminy** qui a réalisé la révision linguistique. Il travaille comme animateur et conseiller auprès d'organismes culturels ou communautaires depuis une vingtaine d'années. Souvent appelé à rédiger des textes et à parler en public, il est particulièrement sensible à la clarté de toute communication.

100 %

Imprimé avec de l'encre végétale sur du papier Rolland Enviro 100, contenant 100 % de fibres recyclées postconsommation, certifié Éco-Logo, procédé sans chlore et fabriqué à partir d'énergie biogaz.

IMPRIMÉ AU CANADA/PRINTED IN CANADA

L'obsession du citoyen

Guide de gestion municipale pour des milieux de vie sains, durables et inclusifs

Nouvelle édition

Avant-propos

Quel beau projet que de mettre à jour *L'obsession du citoyen*!
La première édition[1], distribuée par le Réseau québécois de Villes et
Villages en santé (RQVVS), a maintes fois prouvé son utilité auprès
des élus et des gestionnaires municipaux qui sont motivés par la mise
en place de milieux de vie sains, durables et susceptibles de faciliter
l'épanouissement et le bien-être de leurs citoyens.

De plus en plus enthousiasmés par cette idée géniale qu'est le
concept de Villes et Villages en santé[2], nous avons «revu et amélioré»
l'ensemble des chapitres du texte original, en respectant le plus possible
la philosophie qui le sous-tend. Notre objectif a été de compléter et
d'accroître les aspects dont plusieurs utilisateurs nous ont parlé. Leurs
commentaires judicieux suggéraient des précisions, des adaptations ou
des exemples qui tiennent compte de l'évolution fulgurante qu'a vécue
le secteur municipal au cours des dix dernières années.

Rappelons que ce *vade-mecum*[3] a été rédigé à l'intention de tous ceux
et celles qui s'intéressent de près ou de loin à la gestion de leur milieu
de vie. Ils sont convaincus que la municipalité se définit comme le
palier gouvernemental intervenant le plus directement dans la vie
quotidienne des individus; sa mission, voire sa raison d'être, n'est-elle
pas de satisfaire aux besoins fondamentaux de tous ses citoyens?

Le contexte nord-américain et l'abondance dans laquelle nous vivons
nous empêchent parfois de réaliser à quel point nous jouissons d'un
niveau de qualité de vie remarquable. Un bref regard sur la situation
prévalant ailleurs dans le monde suffit à nous rappeler d'autres réalités.
Les conflits nationaux et internationaux ont immédiatement des
répercussions locales lorsque l'eau vient à manquer, que la sécurité
n'existe plus, que la salubrité n'est plus assurée, ou que les logements
sont détruits ou insuffisants pour accueillir les victimes des conflits
idéologiques et autres.

---

1. Lachance, Roger et Martine Morisset (1995).
2. Voir en annexe pour une définition du concept de VVS.
3. C'est-à-dire un livre, un guide, un manuel, un aide-mémoire ou un répertoire, que
   l'on garde sur soi pour le consulter. *Petit Robert 2000*.

La recherche que nous avions entreprise dans les années 1990 nous a vite fait constater que la municipalité est le premier niveau administratif à devoir s'ajuster aux nouvelles tendances et à répondre aux nouveaux besoins apparaissant au sein de la population. Songeons par exemple à l'impact que peuvent avoir sur l'organisation municipale des phénomènes tels que la fermeture ou la délocalisation de grands employeurs, l'éclatement de la famille, le vieillissement de la population, la délinquance liée au décrochage scolaire, les gangs de rues ou encore l'itinérance.

Même si, à première vue, ces problématiques ne relèvent pas systématiquement de l'autorité locale, pas exclusivement en tout cas, c'est bien celle-ci qui est de plus en plus en première ligne pour servir de canal aux solutions qui devront être mises en place pour répondre à ces enjeux.

Il est donc primordial que les décideurs, élus ou gestionnaires qui ont choisi d'œuvrer au niveau municipal, très névralgique, abordent leurs responsabilités avec une ouverture d'esprit et un goût inné pour la participation citoyenne, l'intersectorialité, l'innovation et la remise en question. Aucune autre industrie, entreprise ou organisation n'offrira autant de diversité dans les défis à relever, dans la variété des problèmes à résoudre et dans les attentes à satisfaire. En effet, il est toujours surprenant d'apprendre qu'en plus des services traditionnels connus de tous, les villes et villages ont dans certaines circonstances à gérer les activités liées à la gestion d'équipements tels des aéroports, des hôpitaux, des réseaux de distribution d'électricité, des cimetières, des musées, des salles de théâtre ou de spectacle, des logements publics pour familles ou aînés, des équipements sportifs de toutes sortes et même des bâtiments industriels ou commerciaux.

C'est en pleine connaissance de cette situation que la révision de ce guide fut entreprise. L'objectif de cet ouvrage est de répertorier un ensemble d'attitudes, de méthodes et de techniques de gestion adaptées aux besoins évolutifs des citoyens d'aujourd'hui, sans compromettre ceux des citoyens de demain. Il s'agit donc d'un inventaire (non exhaustif) des pratiques existantes favorisant le développement et le maintien de milieux de vie durables et sains où tous, sans égard au sexe, à l'âge, à la langue, à l'orientation sexuelle, à la religion ou à la race, pourront s'épanouir et profiter au maximum de l'existence.

Les lecteurs visés sont aussi bien les élus et les gestionnaires que les citoyens eux-mêmes. Tous sont des artisans nécessaires à la mise en place de cette philosophie de gestion de la communauté municipale, laquelle place le citoyen au centre des préoccupations de l'appareil administratif local. Ce *vade-mecum* devrait fournir les outils nécessaires aux organisations municipales qui ont choisi d'adhérer au RQVVS en choisissant l'approche intitulée «La gestion municipale orientée vers la santé et la qualité de vie[4]».

---

4. Réseau québécois de Villes et Villages en santé. *Une nouvelle identité* (2007).

Préface

Il fut un temps, il n'y a pas si longtemps, où nos villes et nos villages étaient des lieux de rencontres où régnait l'entraide et où les gestes gratuits de charité et de soutien constituaient le pain quotidien de chaque habitant. Puis ce fut l'ère de la croissance, de l'industrie, de la consommation. Nos villes et villages devinrent des centres d'administration locale où le déneigement, l'entretien des routes et des trottoirs, l'organisation physique et les structures prirent le dessus sur ce qui avait, pourtant, toujours été notre force : l'humain, la cohabitation, le partage, l'équité. Nous sommes-nous perdus de vue à ce point ? Et en si peu de temps ?

Depuis les années 1960, la quête du développement et de la croissance a transformé la façon de gérer nos villes ; les projets domiciliaires, les routes, les bâtiments, les infrastructures et les écoles ont occupé tout l'espace décisionnel des mairies. Le béton a envahi nos vies, et puisque tout le monde était occupé à développer et que les systèmes subissaient réforme par-dessus réforme, on a fini par oublier le plus important, c'est-à-dire la place de l'humain dans nos milieux de vie. Il a fallu que l'économie dépérisse, que les usines ferment, que le chômage augmente, que les jeunes fuient leur village à la recherche d'une vie possiblement meilleure en ville et que les villages se déstructurent, pour que les grosses agglomérations se rendent compte de l'état de pauvreté manifeste de leur population – pauvreté physique, pauvreté culturelle. Il y a plus de 20 ans qu'on a compris qu'il faudrait se préoccuper d'abord et avant tout de l'humain pour rendre nos villes et nos villages meilleurs, pour les rendre vivants et attrayants, pour les faire survivre et les faire grandir à l'image des citoyens qui les habitent.

L'obsession du citoyen nous raconte la prise en charge de nos milieux de vie par les citoyens. Il nous apprend la mobilisation citoyenne et nous fournit une recette du bonheur municipal. On prétendra qu'il y a bien d'autres recettes, sans doute, mais celle-ci trace un chemin sûr vers ce bonheur de vivre en collectivité.

Le monde municipal a bien changé au cours de ces dernières années. Aux responsabilités organisationnelles dévolues aux conseils municipaux par les lois qui nous régissent s'est ajoutée une responsabilité encore plus importante que toutes les autres; celle-ci met l'accent sur l'humain. Il s'agit de la responsabilité d'**assurer la qualité de vie des citoyens**. Cette responsabilité résume, par son simple énoncé, le fondement même du rôle de l'élu par rapport à ses citoyens. Cette notion de qualité de vie comprend non seulement l'aménagement adéquat du milieu pour que le citoyen s'y retrouve et puisse y évoluer comme humain, mais aussi et surtout l'idée, plus large, de la santé physique et mentale de ceux qui choisissent de s'approprier leur milieu de vie, pour y grandir en jouant un rôle déterminant dans l'identification, la valorisation, la croissance et la reconnaissance de ce milieu de vie. Ainsi la culture, le transport, la gestion de l'eau et des déchets, ainsi que l'organisation communautaire et sociale cohabitent afin de servir les citoyens.

Pour l'administration publique de nos villes et villages, le citoyen devient et doit devenir le centre des préoccupations quotidiennes. Cette **obsession** pour le citoyen doit nous guider dans une démarche civique qui colle à la réalité de nos milieux de vie. Cet ouvrage nous fournit les outils nécessaires pour mobiliser la contribution de chaque citoyen, du moins de ceux qui le désirent; ils se sentiront alors participants, et non seulement clients, du bon fonctionnement de leur ville ou de leur village. Ils en assureront ainsi la dynamisation, la revitalisation et, par voie de conséquence, la pérennité.

Cette nouvelle édition de *L'obsession du citoyen* met à jour, à partir d'expériences récemment vécues, les **meilleures pratiques** en matière de gestion de la qualité de vie en milieu municipal. Elle permettra à chaque lecteur d'apprivoiser une démarche de mobilisation simple et efficace, dans laquelle tous et toutes retrouveront des gestes et des façons de faire qu'ils pratiquent déjà en partie, mais qui ne sont pas encore intégrés à une démarche plus globale, celle qui mise sur l'**interaction** des individus et des communautés.

La lecture de cet ouvrage va soutenir la volonté de nos conseils municipaux et des citoyens en quête de l'amélioration continue de la qualité de vie dans leur milieu. Ne sommes-nous pas tous, à titre d'humains et de citoyens de nos villes et villages, à la recherche du bonheur municipal?

Denis Lapointe, ing., M. ing. env.
Président du RQVVS
Maire de Salaberry-de-Valleyfield

Sigles et acronymes

ADGMQ :	Association des directeurs généraux des municipalités du Québec
AFEAS :	Association féminine d'éducation et d'action sociale
CADC :	Comité d'aide au développement des collectivités
CECQ :	Commission des écoles catholiques de Québec
CEGEP :	Collège d'enseignement général et professionnel
CIMAC :	Comité intermunicipal des achats en commun
CLSC :	Centre local des services communautaires
COMAQ :	Corporation des officiers municipaux agréés du Québec
CSMQ :	Corporation des secrétaires municipaux du Québec
CUQ :	Communauté urbaine de Québec
DRSP :	Direction régionale de santé publique
DSC :	Département de santé communautaire
KINO-QUÉBEC :	Programme de promotion de l'activité physique, axé sur la santé et le mieux-être
MAM :	Ministère des Affaires municipales, des Régions et de l'Occupation du territoire
MRC :	Municipalité régionale de comté
MSSS :	Ministère de la Santé et des Services sociaux
OMS :	Organisation mondiale de la santé
ONU :	Organisation des Nations Unies
PME :	Petite et moyenne entreprise
RGT :	Région du Grand Toronto
RMQ :	Région métropolitaine de Québec
RQVVS :	Réseau québécois de Villes et Villages en santé
SGA :	Système de gestion des appels
SIDAC :	Société d'initiative de développement des artères commerciales
SO$_2$:	Bioxyde de soufre
SOLIDE :	Société locale d'investissement dans le développement de l'emploi
UMQ :	Union des municipalités du Québec

UMRCQ:	Union des municipalités régionales de comté du Québec
UNESCO:	Organisation des Nations Unies pour l'éducation, la science et la culture
UNICEF:	Fonds des Nations Unies pour l'enfance
VVS:	Villes et Villages en santé

Table des matières

CHAPITRE 1

La municipalité…
un gouvernement

1.1 UN GOUVERNEMENT AU MANDAT QUI S'ÉLARGIT

De par leurs mandats traditionnels, « les municipalités locales ont comme rôle d'organiser, pour les habitants de leur territoire, des services adaptés à leurs besoins, et ce, en fonction de leur capacité financière. Ces services peuvent toucher, entre autres, l'environnement, le transport, les loisirs, la prévention des incendies, etc.[1] ».

Toutefois, la nouvelle loi sur les compétences municipales donne un peu plus d'air aux mandataires municipaux et les amène à considérer le citoyen comme partie prenante de l'organisation de la vie communautaire:

> Les dispositions de la présente loi accordent aux municipalités des pouvoirs leur permettant de répondre aux besoins municipaux, divers et évolutifs, dans l'intérêt de leur population. Elles ne doivent pas s'interpréter de façon littérale ou restrictive[2].

La loi définit ensuite les compétences municipales de la façon suivante:

> En outre des compétences qui lui sont conférées par d'autres lois, toute municipalité locale a compétence dans les domaines suivants:
> 1° la culture, les loisirs, les activités communautaires et les parcs;
> 2° le développement économique local, dans la mesure prévue au chapitre III;
> 3° la production d'énergie et les systèmes communautaires de télécommunication;
> 4° l'environnement;
> 5° la salubrité;

---

1. UMQ et MAM, *Une fois élu*, Les publications du Québec, Québec, 1994, p. 240.
2. L.R.Q., chapitre C-47.1, article 2.

6° les nuisances;
7° la sécurité;
8° le transport[3].

Pour exercer ces multiples compétences, la municipalité peut se prévaloir des pouvoirs suivants:

- Permettre, prohiber, réglementer, suspendre ou révoquer;

- Implanter des parcs et des places publiques, propices à la santé et au bien-être, ainsi que des terrains de jeux, centres de loisirs, etc.;

- Se doter de lieux de culture, de musées, de salles de spectacles et d'équipements voués à l'interprétation du patrimoine;

- Conclure des partenariats avec les administrations scolaires ou d'autres paliers de gouvernement;

- Construire et gérer des centres de congrès, des marchés publics, des équipements d'information touristique, des ports et des aéroports;

- Procurer du soutien technique aux entreprises;

- Soutenir le Centre local de développement (CLD);

- Participer à un Fonds d'intervention économique régional (FIER);

- Produire de l'énergie et opérer des systèmes de télécommunication, en partenariat ou non avec d'autres intervenants;

- Cohabiter avec la loi sur la qualité de l'environnement;

- Assurer la paix, l'ordre et la sécurité;

- Ouvrir ou fermer des cimetières;

- Planter (ou fournir) des végétaux pour les terrains privés;

- Prévenir et éteindre les feux;

- Entretenir les chemins (y compris les chemins de tolérance);

- Exercer un pouvoir d'aide général.

Grands ou petits, les villes et villages ont tous un rôle à jouer au sein d'un pays. Toutefois, leurs actions se limitent en théorie à l'allocation

---

3. L.R.Q., chapitre C-47.1, article 2 et 4.

des ressources, alors que des fonctions comme la stabilisation de l'économie et la redistribution des richesses appartiennent plutôt aux gouvernements supérieurs.

Actuellement, les mandats des municipalités québécoises sont très bien circonscrits par l'ensemble des lois qui les concernent. Bien sûr, ce ne fut pas toujours ainsi! Après l'incorporation en « cités » des districts de Québec et de Montréal en 1831 et la création de 24 districts recommandée par le rapport Durham en 1840, on assista au fil des ans à des modifications qui, tranquillement, préparèrent l'entrée en vigueur du code municipal en 1871 au Québec[4]. Ce sont ces textes, adoptés par le législateur provincial, qui spécifient les champs de compétences confiés aux gouvernements locaux. L'action municipale doit donc normalement se limiter à ce cadre juridique, qui prévoit les grandes fonctions de l'appareil municipal et les sources de financement accessibles; autrement dit, les villes et les villages du Québec, comme leurs homologues canadiens ou d'ailleurs, ne possèdent que des pouvoirs délégués.

1.1.1 L'autonomie malgré les limites

Cependant, la manière dont cette délégation de compétences est prise en charge peut varier d'un endroit à l'autre. C'est ainsi que prend tout son sens la notion d'**autonomie locale**. Par exemple, « *organiser des services adaptés aux besoins des citoyens* » présuppose une recherche constante des biens et services susceptibles de mieux répondre aux désirs des contribuables.

La mise en place de services municipaux doit par ailleurs se faire « *en fonction de la capacité financière des municipalités* ». Cette préoccupation de l'administrateur local influence évidemment ses décisions à propos de la quantité et de la qualité des biens et des services à offrir, aussi bien qu'à propos des stratégies utilisées pour en assumer les coûts et répartir équitablement les charges entre les usagers.

Finalement, il ne faudrait pas oublier que le mandat délégué aux autorités locales doit également se réaliser à l'intérieur de contraintes fiscales mises en place par les paliers supérieurs de gouvernement. L'**impôt foncier** par exemple – qui constitue la base même de la fiscalité municipale – représente en soi une contrainte; en effet, ce mode de financement reflète davantage une vision de l'organisation des biens

---

4. UMQ et MAM, *Une fois élu*, Les publications du Québec, Québec, 1994, p. 233.

et services centrée sur les immeubles plutôt que sur les personnes. Une telle vision ne correspond certainement plus à ce qu'attendent les citoyens d'aujourd'hui de leurs administrations locales.

1.2 LES ENJEUX… QUE NOUS RÉSERVE L'AVENIR?

1.2.1 La décentralisation

Tout ce qui s'écrit depuis quelque temps à l'égard de la gestion gouvernementale aborde, de près ou de loin, le thème de la décentralisation. Celle-ci semble posséder des vertus incomparables, inestimables même.

Or ce concept de la décentralisation n'a rien de nouveau. En fait, c'est sous le régime anglais, au cours de la période 1760-1840, que s'effectue la première décentralisation de pouvoirs qui amènera, entre autres, l'incorporation en « cités » des districts de Québec et de Montréal[5].

Il y a donc belle lurette que la société nord-américaine a compris que, pour favoriser l'efficacité et l'économie, il faut rapprocher la prise de décision et la sélection des choix, des citoyens qui requièrent les services.

1.2.2 La mission traditionnelle

Historiquement, le désir de l'État central de confier la livraison de certains services à un niveau de gouvernement plus près du citoyen visait d'abord la mise en place et l'opération des services à la propriété. Les premiers mandats des municipalités touchaient la construction et l'entretien des rues, des réseaux d'aqueduc, d'égouts et d'éclairage, la collecte et la destruction des ordures, ainsi que la protection et la lutte contre les incendies. Pour certaines grandes agglomérations, la protection des personnes faisait également partie de ces mandats initiaux.

En général, les villes et villages ont répondu à ces mandats en mettant en place, de façon autonome, les services de base requis. La figure 1 illustre l'environnement d'une telle approche.

Dans un tel environnement, le gouvernement municipal s'occupe de tout. Il s'organise pour livrer lui-même les services; il fait appel, à l'occasion, à des fournisseurs externes, à qui il confie la réalisation de

---

5. *Ibid.*, p. 233.

certains contrats ou de qui il achète certains biens ou services; il ne s'agit pas de partenariats, mais de contrats. Dans ce contexte, l'instrument de prédilection pour répartir les coûts entre les contribuables demeure la taxe foncière, c'est-à-dire un impôt sur la valeur des propriétés, même si une telle taxe ne permet pas de tenir compte du niveau réel de consommation des services par chacun des contribuables de la municipalité.

FIGURE 1

Environnement d'une organisation municipale dans le contexte des responsabilités traditionnelles des municipalités

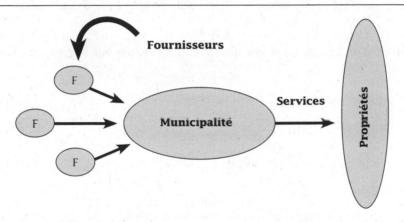

1.2.3 Une mission qui tend à s'élargir

Mais qu'en serait-il si les gouvernements supérieurs en venaient à transférer au gouvernement municipal la charge de fournir une partie plus large, si ce n'est l'ensemble des biens et services aux citoyens? La proximité de ce gouvernement par rapport au citoyen permettait certes un meilleur contrôle de la quantité et de la qualité des biens et des services consommés.

De plus, dans un contexte où la recherche de l'économie et de l'efficacité doit passer par une responsabilisation accrue du citoyen consommateur, le gouvernement municipal semble posséder tous les atouts nécessaires pour y arriver:

- une bonne visibilité;
- une présence constante de ses membres dans le milieu;
- une grande prudence dans la gestion des ressources de la communauté;

5

– une capacité de mobilisation peu commune;

– l'interdiction légale de faire des déficits.

La figure 2 présente un modèle qui illustre la gestion des administrations locales dans une telle perspective.

Il va de soi qu'une telle évolution des responsabilités et de l'organisation des municipalités ne pourra se faire que progressivement, mais la toile de fond de ce modèle, l'**obsession du citoyen**, est déjà très actuelle. Elle correspond, en fait, à l'approche client mise de l'avant depuis quelques années par une multitude d'entreprises de produits et de services.

FIGURE 2

Modèle d'organisation d'une municipalité centrée sur le citoyen-client

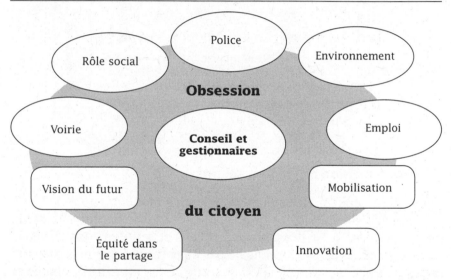

Dans un tel contexte, le conseil municipal est branché sur la satisfaction des citoyens, allant bien au-delà de la fourniture de services ciblés sur les immeubles. De nouveaux champs d'activités, tels le développement communautaire, la surveillance et la protection du milieu, l'environnement et l'intervention directe dans le domaine de la création et de la protection des emplois, deviennent des enjeux importants pour les gestionnaires municipaux. Ceux-ci doivent faire preuve de vision en cherchant à satisfaire les besoins des citoyens d'aujourd'hui, sans hypothéquer l'avenir des prochaines générations.

Voici l'occasion de s'arrêter un instant sur le profil de l'élu capable de faire face à de telles responsabilités. Bien que la gestion municipale puisse s'inspirer de techniques et de processus expérimentés dans le secteur privé, il est utopique de vouloir gérer une municipalité comme on gère une entreprise. Il existe un monde de différences entre le devoir de répondre aux besoins d'une population et la recherche pure et simple de profits. Un élu municipal devrait donc se préparer à faire face aux exigences suivantes au moment de poser sa candidature.

- Développer une vision globale de la gestion municipale;

- Faire preuve d'un équilibre entre l'empathie et le sens de l'économie;

- Comprendre les besoins évolutifs de ses citoyens;

- Rechercher l'atteinte du *Bonheur municipal brut*[6] dans tous les secteurs d'intervention municipale;

- Prendre les bonnes décisions en matière de développement de la communauté;

- Savoir remettre en question certaines décisions, de façon à réajuster le tir;

- Évaluer systématiquement les résultats.

L'acquisition de nouvelles responsabilités par les municipalités ne pourra se faire en accumulant des déficits, mais plutôt en usant de leur pouvoir actuel de prélever des taxes pour financer des équipements en fonction de leur durée de vie utile.

Dans l'avenir, c'est par une recherche constante de l'**équité dans le partage** des coûts entre les citoyens actuels et futurs, que nos élus devront répondre aux besoins de leurs commettants. Pour cela, il leur faudra mettre en place des organisations municipales souples, guidées par une mission qu'ils auront d'abord soumise à l'approbation des citoyens. L'**innovation** bousculera continuellement la routine, le déjà-vu. La remise en question des méthodes, des habitudes, voire des traditions, deviendra le quotidien de l'administrateur local, animé par le désir de satisfaire ses citoyens. L'économie et l'efficacité dans la

---

6. Le Bonheur municipal brut (BMB) est un concept inspiré du PNB. Il exprime la capacité d'une municipalité à favoriser le plein épanouissement de sa population. Pour y arriver la municipalité mettra en œuvre son développement global selon les axes suggérés au chapitre 2.

livraison des services se concrétiseront par une plus grande **mobilisation** des citoyens et des partenaires de la municipalité dans la gestion même de ces services.

C'est ainsi qu'ayant commencé historiquement par réaliser toutes ses activités elle-même, une municipalité arrivera graduellement à une vision nouvelle, manifestement mieux adaptée aux attentes de la gestion municipale moderne.

1.2.4 Le « faire avec »

Une ville ou un village qui « **fait avec** » (le contraire de « fait tout seul »), c'est avant tout une municipalité qui s'entoure de partenaires – individus, groupes de citoyens, organismes d'autres secteurs et même autres municipalités – pour faire face à ses responsabilités croissantes. Nous touchons ici ce que l'on pourrait qualifier de « cœur du sujet » en matière de développement des communautés : l'**intersectorialité** et la **participation citoyenne**. Une municipalité qui désire se donner toutes les chances de satisfaire à la définition d'une **communauté en santé** devra compter sur la mobilisation des forces vives de son milieu et collaborer avec des partenaires aussi obsédés qu'elle à l'égard de la satisfaction du citoyen.

Ce n'est sans doute pas là une tâche facile qui peut s'accomplir du jour au lendemain, mais c'est en même temps un défi auquel chaque municipalité peut s'attaquer dès aujourd'hui, en recherchant de premières alliances pour mener à bien ce nouveau projet de société.

La figure 3 illustre bien l'environnement d'un tel type d'organisation municipale, qui est celui dont nous nous sommes inspirés pour élaborer le présent guide.

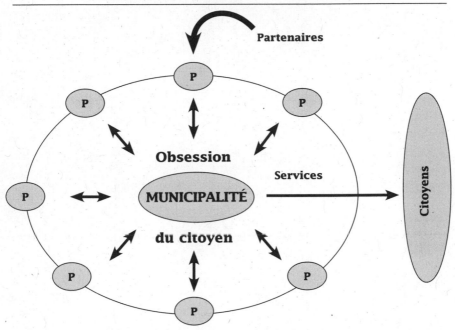

FIGURE 3

**Environnement d'une organisation municipale
ayant adopté l'approche du «faire-avec»**

Au cours des prochains chapitres, nous aurons donc l'occasion d'examiner plus en détail les implications d'une telle approche à l'égard de chacun des éléments de la gestion d'une municipalité.

CHAPITRE 2

Le développement global municipal et les axes permettant sa poursuite

2.1 LA RECHERCHE DU BONHEUR MUNICIPAL

Est-il utopique de nos jours de rêver à un milieu de vie où nous pourrions, tous et toutes, qui que nous soyons, trouver satisfaction à nos besoins, exigences et désirs ? Un tel endroit ne serait-il pas susceptible de créer un contexte favorable à l'atteinte d'une sensation de bonheur ? La réponse à de telles questions nécessitera sans nul doute une bonne réflexion.

Notre objectif avoué par la mise à jour de ce *vade-mecum* est donc de vous guider dans une démarche, inspirée par le gros bon sens des élus et gestionnaires d'une multitude de petites et grandes municipalités. Leurs idées innovatrices et mobilisatrices entraînent leurs citoyens vers une prise en charge de l'avenir de leur communauté. C'est ainsi que s'impliquant eux-mêmes dans l'amélioration continue de leurs propres conditions de vie, ils se donnent toutes les chances de mettre en place les conditions nécessaires à l'atteinte de ce que nous appelons le **bonheur municipal.**

Nous croyons que l'administration locale représente le gouvernement le plus apte à procurer aux populations de nos régions les instruments utiles et propices à la mise en place de villes et de villages où il fait bon vivre. Ce qui nous convainc davantage, c'est le fait que les chercheurs à l'origine du concept de « Villes et Villages en santé » sont arrivés bien avant nous aux mêmes conclusions, définissant une ville ou un village en santé comme étant :

> une communauté qui améliore continuellement son environnement physique et social. Le gouvernement municipal et les ressources de la communauté rendent les citoyens aptes à s'entraider dans la réalisation des activités courantes de la vie et à développer leur plein potentiel[7].

7. Traduit de Hancock, Trevor and Duhl, Leonard, Promoting health in the urban context, WHO Healthy cities papers no. 1, The WHO Healthy cities office, Copenhagen, 1988, p. 24.

La réalisation de ce **potentiel** représente assurément l'objectif permettant le mieux de visualiser l'état de bonheur, de bien-être total recherché.

La proximité du gouvernement local le rend habile à procurer aux différentes composantes de sa population la majorité des éléments nécessaires à l'atteinte de cet état de plénitude. Il ne faut évidemment pas négliger l'importance que revêt pour le citoyen sa propre implication et celle de sa communauté dans la mise en place d'un milieu de vie conforme à ses aspirations.

De la même manière, la définition citée plus haut sous-entend la mise en branle de tous les partenaires disponibles au développement global et durable de la communauté. En effet, au centre même du concept de ville en santé se trouve l'incontournable besoin de recourir aux forces vives du milieu.

* * *

La municipalité est ainsi vue comme un organisme vivant, c'est-à-dire en constante évolution, en perpétuel mouvement. Ses organes vitaux en sont les citoyens, les organismes, les entreprises et les réseaux dont elle bénéficie dans les secteurs de la santé, de l'éducation, du développement social, économique et culturel. C'est l'interaction de ces organes et réseaux qui engendrera le milieu de vie souhaité par les individus qui s'y épanouissent[8].

2.2 LES AXES DU DÉVELOPPEMENT MUNICIPAL DANS UN ESPRIT VVS

Hancock et Duhl identifient 12 caractéristiques pour une ville ou un village en santé. Ces caractéristiques sont présentées au tableau 1.

Précisons immédiatement qu'il est en pratique impossible d'atteindre la perfection dans l'une ou l'autre de ces caractéristiques; il y a toujours moyen de faire un peu mieux. Par ailleurs, une agglomération humaine étant un organisme vivant, son évolution dans l'espace et dans le temps sera soumise à de multiples perturbations dont certaines demeureront hors du contrôle de ses responsables et de ses membres.

Nous inspirant d'une documentation et de témoignages recueillis pendant plus de vingt ans de pratique de cette approche de gestion municipale, nous proposons maintenant une lecture personnelle de

---

8. Inspiré de Hancok et Duhl, *ibid.*, p. 17.

ce que sont les particularités de villes et de villages qui sont en santé. Aux fins de ce guide, nous les considérerons dorénavant comme des **axes de développement**.

TABLEAU 1
Les caractéristiques d'une municipalité en santé[9]

- Les citoyens ont accès à de l'eau potable, de la nourriture, des logements de qualité.
- Les citoyens se sentent en sécurité dans leur municipalité.
- Les citoyens y ont accès à un travail qui les satisfait.
- Les jeunes ont envie d'y rester ou d'y revenir pour fonder une famille.
- Les citoyens jouissent d'un environnement physique propre, sécuritaire et de haute qualité.
- Les groupes d'entraide sont nombreux et bien articulés entre eux.
- Les citoyennes et citoyens entretiennent des liens constants avec leur héritage culturel et biologique, de même qu'avec les individus et les groupes avec qui ils cohabitent, développant ainsi un sentiment d'appartenance à leur communauté.
- De nombreuses activités sociales, sportives et culturelles encouragent les citoyens à être actifs et à se maintenir en santé.
- L'accès aux différents services publics et privés y est facile pour tous les citoyens.
- L'activité économique y est importante et bien diversifiée.
- Les citoyens participent aux décisions qui les touchent.
- Les citoyens ont accès à des services de santé adéquats et sont de façon générale en bonne santé.

2.2.1 Axe 1 – Les citoyens ont accès à de l'eau potable, de la nourriture, des logements de qualité
Eau potable

En une seule ligne ou presque, cette caractéristique reflète d'un seul jet l'ampleur du projet municipal qui vise à procurer à ses citoyens un milieu de vie propice à optimiser leurs chances de bonheur. En effet, l'accès à l'eau potable, l'eau **vraiment** potable, sans obligation de faire bouillir et en quantité nécessaire pour satisfaire les besoins fondamentaux, désaltérer, cuisiner et laver, représente un défi de taille pour bien des villes et villages.

La réponse aux attentes des citoyens à cet égard passera sans nul doute par la protection des sources d'approvisionnement, ruisseau,

---

9. *Ibid.*, p. 33.

rivière, fleuve, lac et nappe phréatique, sans oublier la captation et le traitement des eaux de ruissellement et usées, afin que ces dernières ne contaminent pas les premières. Le citoyen ne peut en aucun moment se dissocier de cet enjeu fondamental en matière d'adduction en eau. Ses habitudes de consommation et son attitude face à la conservation deviennent vite des atouts majeurs en matière de protection de la ressource. Voici quelques suggestions de stratégies allant dans le sens d'une gestion durable de la ressource eau.

- Programme rigoureux d'entretien préventif des réseaux;
- Programme de lutte contre les fuites;
- Prélèvements périodiques en plusieurs points d'échantillons pour analyse;
- Programme de réduction et de contrôle de la consommation domestique, commerciale et industrielle;
- Sensibilisation des enfants à l'importance de l'eau, intégrée au programme scolaire;
- Gestion par bassins versants;
- Promotion de pratiques agricoles respectant la nappe phréatique et les cours d'eau;
- Traitement et prétraitement des rejets industriels et commerciaux;
- Protection des sources d'approvisionnement en eau;
- Évaluation de la capacité d'adduction en eau sans mettre en danger la satisfaction des besoins futurs;
- Mise en place d'un comité permanent du conseil, comprenant des citoyens et ayant pour responsabilité de surveiller la bonne gestion de cette ressource.

La gestion efficace des équipements de traitement, réseaux d'aqueduc et d'égouts, doit faire partie des stratégies municipales incontournables. Les efforts budgétaires consentis et l'approche méthodique et planifiée sont les seuls garants d'une gestion préventive des réseaux. Nous ne vous apprendrons peut-être rien de nouveau en mentionnant que cet aspect des responsabilités locales en est un des plus régulièrement négligés. La littérature à ce sujet est très abondante. Toutefois, comme citoyen ou élu de votre municipalité, vous avez le droit et le devoir de vous préoccuper de l'état de ces équipements municipaux et d'en connaître l'état des lieux. Tout le développement de la municipalité doit donc se planifier en fonction de la capacité optimale des réseaux de répondre aux besoins actuels et futurs des consommateurs. Nous croyons qu'il ne faut jamais mettre en péril cette richesse collective qu'est l'eau potable pour satisfaire à des intérêts particuliers. Nous traiterons plus en détail de la gestion des réseaux dans les chapitres consacrés aux services municipaux.

Nourriture

Plusieurs lecteurs auront comme réaction: «L'accès à la nourriture pour les citoyens ne fait pas partie des responsabilités municipales». Nous en convenons, en précisant toutefois qu'une municipalité en santé en est une où l'on se préoccupe du bien-être global des citoyens. Il est impossible de fermer les yeux sur la pauvreté et sur les solutions temporaires ou permanentes pour y remédier. Les individus et les familles faisant face à des problèmes économiques vivent des situations où ils ont peine à satisfaire ce besoin fondamental qu'est celui non seulement de se nourrir, mais de **bien** se nourrir. Nous n'avons rencontré aucune difficulté à répertorier des actions municipales concrètes en ce domaine, que ce soit directement ou en association avec des organismes du milieu:

- Club des petits déjeuners;
- Popote roulante pour soutenir les personnes âgées;
- Cuisines collectives;
- Cuisines communautaires;
- Jardins communautaires;
- Marché d'entraide, achats regroupés;
- Banque alimentaire;
- Promotion du maintien de services alimentaires tels qu'épicerie, fruiterie, boucherie et boulangerie dans les villages, les quartiers ou le centre-ville;
- Programmation d'activités sociales ou de loisirs reliées à la saine alimentation;

- Sensibilisation de la jeune population aux vertus d'une saine alimentation;

- Programme éducatif sur la nutrition pour les jeunes d'âge scolaire.

Logement

Les pouvoirs municipaux en matière de logement sont multiples. La municipalité peut planifier l'offre et la distribution par catégories sur son territoire. Nous en traiterons plus abondamment dans un chapitre voué à l'urbanisme.

Plusieurs lois et règlements permettent aux administrations locales d'intervenir en matière d'amélioration et de protection du patrimoine bâti. Une Ville ou un Village en santé qui voudrait agir à l'égard de la qualité du logement et de son accessibilité est habilité à le faire. Par ailleurs, l'évolution des attentes des citoyens relativement au logement représente un défi de taille pour les administrations locales. Il faut trouver des réponses innovatrices à l'étalement urbain et à la nouvelle vocation à donner à des secteurs entiers, victimes de la nouvelle économie. Voici quelques-unes de ces réponses très concrètes, mises de l'avant par des municipalités inspirées:

- Programmes d'aide à la rénovation;

- Inspection municipale en salubrité, prévention des incendies et identification des risques potentiels;

- Comité sur le logement social;

- Stratégies communes avec l'Office municipal d'habitation (OMH) pour doter les citoyens de logements de qualité;

- Appui à la mise en place de coopératives d'habitation;

- Soutien financier pour logement d'urgence;

- Programme d'accès à la propriété;

- Protection de secteurs pour l'implantation de logements abordables;

- Intervention musclée en urbanisme à l'égard du logement résidentiel.

* * *

Le caractère **intersectoriel** des réflexions et des gestes à poser à l'égard de cette première caractéristique saute aux yeux. Comment assurer autrement la réponse à des besoins aussi fondamentaux sans mettre en branle tous les leviers, services et acteurs du développement de la communauté?

2.2.2 Axe 2 – Les citoyens se sentent en sécurité dans leur municipalité

Dormir en paix, se déplacer, se balader en toute quiétude, se sentir protégé et en confiance résument en quelques mots ce que nous entendons par se sentir en sécurité. Élément essentiel au contexte favorisant le bonheur municipal, tous conviendront qu'il s'agit bien ici d'une responsabilité fondamentale du monde municipal.

Toutefois, nous ne croyons pas que la définition qui précède soit exhaustive en ce qui concerne le sentiment de sécurité, partie intégrante du mieux-être. Une réflexion plus approfondie nous entraîne irrésistiblement vers une vision plus intégrale de la sécurité. Les experts en santé publique parlent souvent de « filet de sécurité », un ensemble de mesures et de services permettant aux individus de partager un sentiment de confort face aux menaces éventuelles.

De la même manière, la communauté, voire la municipalité, doit démontrer une approche préventive à l'égard des potentielles menaces que pourraient subir leurs citoyens. Encore une fois, la municipalité ne peut répondre seule à cet important enjeu. Les individus, les groupes, les autres municipalités et MRC, les organismes provinciaux et nationaux seront des partenaires de choix. Des recettes éprouvées et efficaces sont également disponibles à ce sujet; nous vous en suggérons donc quelques-unes:

– comité de sécurité;

– service téléphonique d'urgence 911;

– vigilance de quartier;

– plans d'urgence;

– prévention de la violence conjugale ou familiale;

– identification systématique des secteurs à risques;

– mise en place de trottoirs et de pistes cyclables;

- éclairage stratégique des lieux de circulation piétonne;
- rencontre des familles en matière de prévention des incendies;
- programme de ramonage des cheminées;
- police communautaire;
- police jeunesse.

2.2.3 Axe 3 – Les citoyens y ont accès à un travail qui les satisfait

Dans leur définition d'une municipalité en santé, Hancock et Duhl se positionnent clairement à l'égard de l'importance de cette dimension, en terminant leur énoncé par les mots « développer leur plein potentiel ». Loin de nous l'objectif de vouloir limiter le potentiel humain à la capacité à se réaliser au moyen du travail! Toutefois, force est d'admettre que la vie en société est grandement facilitée à celui ou celle qui peut, par son implication, contribuer à la constante amélioration de ses conditions de vie, ainsi qu'à celles des personnes qui l'entourent.

La capacité des petites organisations municipales à répondre efficacement à ce critère pourra apparaître plus nébuleuse que pour les villes plus structurées et dont la base fiscale est beaucoup plus diversifiée. Le citoyen qui choisit de s'établir dans un village le fera tout de même en tenant compte de sa capacité à trouver à proximité l'environnement lui permettant d'acquérir ou de maintenir son pouvoir économique.

L'accès à un emploi, de nos jours, se définit d'une façon beaucoup plus large qu'avant. La proximité d'axes routiers efficaces, le transport organisé et le télétravail permettent à ceux qui le désirent de s'éloigner des grands centres tout en maintenant l'accès à un travail satisfaisant.

Les administrations locales et régionales qui s'intéresseront à l'importance de la dimension « travail » le feront par le regroupement de leurs efforts vers un but commun. Les comités régionaux de développement économique et industriel font partie intégrale de la structure communautaire actuelle et l'on compte de multiples exemples de stratégies qui vont en ce sens.

- Tenue de sommets économiques régionaux;
- Motels industriels et commerciaux;
- Comités de relance économique;

- Carrefour jeunesse-emploi;
- Campagnes d'emplois étudiants;
- Regroupement et répertoire des entreprises;
- Fonds d'investissement régionaux;
- Promotion de « l'achat local »;
- Projet « Rue Principale »;
- Groupes de soutien à la recherche d'emploi.

2.2.4 Axe 4 – Les jeunes ont envie d'y rester ou d'y revenir pour fonder une famille

Le phénomène de la migration obligatoire des jeunes est bien connu des communautés établies en région. Impossible de contourner cette situation, car la relève doit pouvoir recevoir une formation à la hauteur de ses rêves et objectifs. Pourquoi ne pas tout mettre en œuvre au cours de l'enfance pour enraciner nos enfants dans le milieu qui les a vus naître et grandir.

La plus grande richesse d'une communauté, d'une ville ou d'un village est sans nul doute ses jeunes… sa relève. La capacité d'une municipalité d'assurer la pérennité de son patrimoine culturel, artistique, commercial, voire industriel, est facteur des efforts qu'elle consentira à développer le sentiment d'appartenance de ses jeunes à leur milieu de vie.

Une préoccupation continue de l'administration locale à l'égard du bonheur de ses plus jeunes citoyens se traduira par la mise en œuvre d'activités et de services conçus pour eux et avec eux. De nos jours, nous connaissons une évolution très rapide des intérêts de ceux et celles qui forment ce groupe de citoyens. Il faudra être continuellement aux aguets et ajuster quand faire se peut l'offre à la demande.

Un comité sectoriel pour la jeunesse est sans doute une réponse efficace à cet enjeu. Nous connaissons plusieurs conseils municipaux qui ont systématiquement fait place à la jeunesse au sein de leurs instances décisionnelles. L'adoption de politiques dynamiques à l'égard de la famille, du loisir, de la place faite aux jeunes, contribuera également au maintien d'une saine relation avec ceux qui représentent l'avenir de nos communautés.

Des gestes très évocateurs en ce sens sont posés par des communautés en santé, en voici quelques exemples :

- approche « École en santé » ;
- parcs de secteur ;
- maisons des jeunes ;
- offres d'emplois d'été pour les étudiants ;
- camps jeunesse ;
- politique familiale ;
- travailleurs de rue ;
- comité municipal des jeunes ;
- mentors pour les jeunes entrepreneurs ;
- aide aux travaux scolaires ;
- clubs sportifs et socioculturels.

2.2.5 Axe 5 – Les citoyens jouissent d'un environnement physique propre, sécuritaire et de haute qualité

Ne traversons-nous pas une époque où l'environnement est au centre de toutes les discussions et préoccupations des décideurs en matière de développement ? L'expérience démontre que cette valeur vient en tête des intérêts manifestés par la majorité des citoyens que l'on consulte sur les priorités d'intervention de leur municipalité. Nous croyons que ce courant est irréversible et que son lien avec l'avenir de la planète en fait un élément incontournable pour les administrations locales qui ont à cœur le bonheur de leurs citoyens. C'est ici que s'introduit la préoccupation naissante du développement durable au sein de plusieurs municipalités[10].

Toutefois, le développement durable, dans son seul aspect environnemental, étant un vaste champ d'intervention, l'organisation municipale devra une fois de plus se tourner vers les leviers de son milieu, avec comme premiers partenaires ses citoyens. En effet, ce genre

---

10. Le Réseau québécois de Villes et Villages en santé a d'ailleurs une mission très éloquente à cet égard, se reconnaissant comme un regroupement de municipalités ayant pour mission « de promouvoir et de soutenir, à travers tout le Québec, le développement durable de milieux de vie sains ».

d'intervention devra en premier lieu chercher à modifier les attitudes des individus face à l'environnement. Que l'on parle de protection des sites naturels, de plantation d'arbres, d'utilisation de pesticides, de pollution de l'air, de gestion des ordures, de canalisation et de traitement des eaux de ruissellement, de pollution visuelle ou d'accès à des sites naturels, l'impact de ce type d'intervention bénéficiera en premier lieu au citoyen qui y participera. Il devra changer ses habitudes, financer des investissements, voire s'investir lui-même dans l'action concrète.

Les projets municipaux concernant la protection et l'amélioration des milieux de vie sont multiples et suivent une courbe ascendante. Combien de villes et de villages ont trouvé une nouvelle jeunesse après une mobilisation de leurs populations autour des enjeux de la qualité de leur environnement ? Il est donc aisé de suggérer certains moyens efficaces d'intervenir à cet égard :

- comités d'environnement ;

- agenda 21 local ;

- programmes d'assainissement des eaux ;

- compostage des déchets domestiques ;

- récupération de matières recyclables ;

- collecte de déchets domestiques dangereux ;

- réglementation et surveillance des fosses septiques ;

- collecte des monstres ménagers ;

- nettoyage des abords de lacs et rivières ;

- programmes de plantation d'arbres ;

- jardins communautaires ;

- élimination des pesticides ;

- élimination des sacs de plastique ;

- forêt urbaine ;

- semaine de l'environnement ;

- patrouille verte.

2.2.6 Axe 6 – Les groupes d'entraide sont nombreux et bien articulés entre eux

La force et la mobilisation du tissu social d'une communauté ont sans contredit des effets très positifs sur les chances des individus d'accéder à un état de confort qui contribue au bonheur municipal. Le bénévolat soutenu par l'administration municipale est capable de relever d'innombrables défis. Les interventions en matière de solution de problèmes sociaux tels que la lutte à la pauvreté, le maintien à domicile, la prévention des maladies ou de la délinquance nous viennent facilement à l'esprit lorsque l'on parle d'entraide. Nous croyons que l'on peut élargir ce concept à tous les groupes qui s'intéressent au développement des personnes et de la société en général.

Nos municipalités foisonnent de ces organisations dont la seule raison d'être est de promouvoir ou soutenir le mieux-être, la consommation responsable, l'activité sociale des personnes âgées, la transmission du savoir, l'activité sportive, la protection du patrimoine, la protection de l'environnement et de multiples autres causes. Le défi pour le gouvernement local est de coordonner les actions de ces organismes afin que leur contribution individuelle demeure productive en ce qui concerne le mieux-être du citoyen. Voici quelques avenues permettant de mobiliser toute cette énergie :

- table de concertation municipale ;
- intégration de représentants des groupes aux comités municipaux ;
- organisation de sommets de la municipalité ;
- reconnaissance du travail des bénévoles ;
- désignation d'un responsable des relations avec les organismes ;
- politique claire d'accréditation et de soutien financier ;
- espaces réservés, dans le bulletin municipal, pour les groupes reconnus.

2.2.7 Axe 7 – Les citoyennes et les citoyens entretiennent des liens constants avec leur héritage culturel et biologique, de même qu'avec les individus et les groupes avec qui ils cohabitent, développant ainsi un sentiment d'appartenance à leur communauté

Avoir le sentiment d'appartenance à son milieu de vie, se sentir enraciné dans son patelin, se sentir responsable et partie prenante de la vie communautaire qui anime la population en y menant des activités sociales ou économiques, voilà des sentiments et des gestes qui sont de nature à créer une solidarité, et à cimenter des citoyens qui assureront la pérennité de la qualité de vie dans un village ou une ville en santé.

Les administrateurs locaux ont avantage à valoriser les caractéristiques historiques et humaines des diverses composantes de la population qu'ils administrent. Garder l'histoire vivante en provoquant régulièrement des occasions de marquer ou de rappeler les principales étapes de l'évolution de la municipalité – et des groupes qui la composent – représente la voie privilégiée pour alimenter le sentiment d'appartenance des citoyens. La grande capacité de mobilisation du gouvernement local permettra d'obtenir ce résultat en réalisant des activités inspirées des suggestions suivantes :

- répertoire de l'histoire des familles fondatrices ;

- célébration des fêtes nationales (et autres, incluant les anniversaires de fondation) ;

- répertoire des groupes sociaux, ethniques, communautaires et culturels du milieu ;

- valorisation de l'histoire locale en collaboration avec les écoles primaires ;

- reconnaissance des citoyens remarquables (passés et actuels) ;

- soutien aux sociétés historiques et autres groupes s'intéressant au patrimoine ;

- mise en place d'un comité du patrimoine bâti.

2.2.8 Axe 8 – De nombreuses activités sociales, sportives et culturelles encouragent les citoyens à être actifs et à se maintenir en santé

L'intervention en matière de loisir et de développement communautaire est certes considérée comme ayant un impact majeur sur l'organisation de la vie de la population. Les conseils municipaux, devenus de plus en plus conscients de leurs responsabilités en cette matière, ont confié, souvent avec beaucoup de succès, l'organisation de tels services à des professionnels formés dans les divers domaines du sport, de la culture et de la vie communautaire. Par ailleurs, l'évolution de cette vie communautaire a été beaucoup plus rapide grâce à la participation citoyenne au sein de divers comités voués à la planification et à l'organisation du loisir.

Le dynamisme de ce secteur des activités municipales est sans doute un des principaux ingrédients alimentant l'appartenance à son milieu. Le maintien et le développement d'activités de ce type demandent naturellement des infrastructures et des équipements aussi coûteux à construire qu'à entretenir. La planification de ces investissements et l'obtention du financement nécessaire font partie des préoccupations annuelles des élus au moment d'adopter le plan triennal d'immobilisations.

Une gestion municipale inspirée de la philosophie VVS devra donc tenir compte de tous les aspects (financiers, organisationnels, physiques et autres) dans sa réflexion concernant l'offre à faire aux citoyens en matière d'activités sociales, sportives et culturelles. Quelques pistes pourront faciliter la réflexion du lecteur:

- comité permanent du loisir et du développement communautaire;
- politique de reconnaissance et de soutien aux organismes;
- régionalisation des équipements et des activités;
- reconnaissance des bénévoles;
- clubs sportifs;
- clubs de marche ou de danse;
- troupe de théâtre pour jeunes ou aînés;
- partenariat avec des entreprises ou des organismes du milieu.

2.2.9 Axe 9 – L'accès aux différents services publics et privés y est facile pour tous les citoyens

Cet axe de développement s'intègre totalement dans la planification du territoire. Il arrive souvent que des administrateurs locaux doivent vivre avec des situations ou des problématiques résultant d'erreurs ou de négligences du passé. Comment redonner vie à un quartier ou à un centre-ville complètement dénudés de leurs attraits ? Redonner accès à des services de proximité comme une épicerie, une pharmacie, une boulangerie, une librairie, une quincaillerie ou d'autres commerces nécessitera des stratégies municipales dédiées… mais aussi une adaptation des habitudes de consommation des citoyens. Tous devront comprendre que, dans ce domaine, une population récolte habituellement ce qu'elle a semé. Combien de beaux villages ont été déstructurés par l'implantation inopportune (mais acceptée !) de grandes surfaces ou de ce que l'on appelle parfois des « *Power Centers* » ! La recherche prioritaire de revenus fonciers, par certains conseils municipaux, conduira presque automatiquement à un appauvrissement et à une détérioration du tissu urbain, à une augmentation de la circulation automobile et à un découragement de l'activité physique – comme la marche.

De même, le maintien des services publics en place et même leur augmentation en qualité, quantité et variété font partie des préoccupations normales d'un conseil municipal orienté vers la qualité de vie. Ces services publics comprennent les écoles, les bibliothèques, les centres de santé, les bureaux de poste, les centres de services gouvernementaux, etc. Il est probable que chaque milieu de vie ne puisse jouir de l'ensemble de ces services, mais un inventaire de la situation et son analyse font toujours partie du diagnostic, au début d'une planification stratégique municipale. Des ajustements aux schémas d'aménagement régionaux et aux plans d'urbanisme locaux seront nécessaires pour protéger les acquis et surtout pour éviter de refaire les erreurs du passé. Des stratégies intéressantes à cet égard font également partie du répertoire VVS :

- Politiques d'achats locaux ;
- Épiceries communautaires ;
- Prise en charge d'anciens bureaux de poste ;
- Ouverture de comptoirs de service ;
- Parution d'un répertoire des entreprises et services ;

- Soutien aux jeunes entrepreneurs;
- Projet «Rue principale»;
- Motel commercial.

2.2.10 Axe 10 – L'activité économique y est importante et bien diversifiée

Intimement liée aux axes 3 et 9 qui précèdent, cette dimension est d'une importance stratégique de premier plan. Le développement social d'une communauté ne peut se réaliser sans le dynamisme de son activité économique. Comment permettre aux citoyens d'une municipalité de réaliser leur plein potentiel s'ils ne peuvent acquérir l'autonomie financière susceptible d'assurer une certaine autosuffisance et la fierté de subvenir à leurs besoins et à ceux de leur famille?

Les conseils municipaux doivent donc fourbir leurs armes et intervenir énergiquement afin de mettre en place une structure commerciale et industrielle très diversifiée, dans une perspective de développement plus durable, et éviter ainsi le piège réservé trop souvent aux municipalités qui dépendent d'un petit nombre de secteurs commerciaux ou industriels. La Ville de Thetford Mines, faisant face à la disparition progressive de son principal employeur, a vite répondu à cette menace en créant au Québec le premier motel industriel et en utilisant des stratégies de développement économique visant expressément la diversification de son secteur industriel et commercial. Les élus locaux de cette petite ville minière ont réussi à la transformer en un pôle économique très diversifié et cela en moins de vingt ans.

Des situations analogues sont rencontrées un peu partout au pays en réaction à la mondialisation des économies. Les crises du bois, de l'agriculture et du textile ont à elles seules bouleversé la vie de communautés entières. Il n'existe aucun répit pour les décideurs locaux concernant la protection et le développement du dynamisme économique de leur communauté; tout est à faire. Le répertoire VVS de bons coups regorge d'exemples intéressants:

- sommets sociaux économiques locaux ou régionaux;
- motels industriels et commerciaux;
- comité permanent sur l'emploi;

- organismes de développement touristique;

- fonds d'investissement;

- rencontres et concertation de gens d'affaires;

- parcs industriels et commerciaux;

- festival annuel relié à la stratégie de développement touristique;

- soutien technique aux entrepreneurs;

- projet « Rue Principale ».

2.2.11 Axe 11 – Les citoyens participent aux décisions qui les touchent

Existe-t-il un meilleur moyen de mobiliser une population que de l'impliquer dans les choix qui amélioreront ou protégeront la qualité de son milieu de vie? Il est bien connu qu'un bon nombre de champs d'intervention municipale comprennent déjà une obligation légale d'obtenir l'assentiment des citoyens avant de passer à l'action, par exemple: l'endettement municipal, certains types d'investissement, la planification urbaine et la fiscalité municipale.

Toutefois, le sens et la portée qu'une municipalité en santé donnera à la participation citoyenne dépassent largement ce qui est imposé par les diverses lois. Il s'agit de créer un contexte où les citoyens se sentent responsables et sont vraiment partie prenante de la vie communautaire. La mise en place et le fonctionnement de différents comités municipaux, où siègent ensemble des élus, des gestionnaires et des citoyens, contribuent à un tel objectif. L'augmentation qualitative et quantitative des communications municipales (bulletins ou journaux, sites Internet interactifs, répertoires de services et d'organismes municipaux, etc.) sera également de nature à stimuler et à soutenir la participation citoyenne.

Le leadership et l'ouverture d'un conseil municipal dans ce domaine assureront la pérennité et la durabilité des orientations et des choix municipaux et procureront la transparence administrative salutaire tant souhaitée par les citoyens engagés. Les municipalités membres du RQVVS accumulent continuellement des expériences valorisantes concernant cette participation tant souhaitée:

- comités municipaux d'environnement, d'urbanisme, de loisirs et de développement économique;

- conseil des jeunes;

- bulletins municipaux;

- démarche élargie de planification stratégique;

- comité permanent des finances publiques;

- forum annuel de la municipalité;

- tournées du conseil municipal;

- portraits des quartiers;

- accueil des nouveaux citoyens;

- calendrier des réunions du conseil, des comités et des groupes sociaux;

- mérites annuels aux citoyens et aux groupes sociaux;

- site Internet interactif;

- fête des Voisins et fêtes de quartier.

2.2.12 Axe 12 – Les citoyens ont accès à des services de santé adéquats et sont de façon générale en bonne santé

Voici un champ d'intervention où l'**intersectorialité**, surtout en collaboration avec les acteurs du secteur de la santé, de l'éducation et même des affaires, sera d'un secours inestimable. Il faudra d'entrée de jeu que le conseil municipal, en harmonie avec les principales constituantes de la population, dresse un diagnostic de la situation de la municipalité et de la région concernant l'accès aux services de santé. De ce diagnostic émergera une image de la situation souhaitable et des stratégies à favoriser pour y arriver. L'action municipale à cet égard en sera une de mobilisation des acteurs, en vue de procurer aux citoyens le meilleur environnement possible en matière de prévention, de lutte contre les maladies, de consultations régulières, de suivi médical et d'hospitalisation.

Toutefois, la municipalité peut faire plus que mobiliser les acteurs; elle peut carrément agir dans certains domaines, par exemple en matière d'aménagement du territoire. De même, un portrait de l'état de santé de la population serait un outil très utile pour amorcer toute intervention visant à sensibiliser les individus aux pouvoirs qu'ils possèdent individuellement et collectivement en cette matière. L'enjeu ici est la création d'un environnement favorable à la santé par l'amélioration des habitudes de vie et d'alimentation, ainsi que par la pratique d'activités physiques. Voilà un terrain où les intervenants en éducation peuvent réaliser des merveilles. Une municipalité pourrait contribuer à cette nécessaire sensibilisation en éliminant la malbouffe de l'offre de services dans les équipements sportifs municipaux. Elle peut aussi encourager les saines habitudes alimentaires et les activités physiques simples et accessibles (exemple : le programme 0-5-30). Voici quelques autres idées émanant de communautés qui ont posé des gestes concrets :

- implantation de trottoirs et de pistes piétonnes ;

- centres de santé communautaires ;

- parcs de secteur facilitant les activités de groupes ;

- pistes cyclables et voies réservées ;

- jardins communautaires ;

- cours de saine cuisine pour les jeunes et les moins jeunes ;

- défis sportifs ;

- cuisines communautaires ;

- comité de vigilance pour protéger les équipements de santé ;

- approche « École en santé » ;

- marchés agricoles publics.

* * *

En conclusion de ce chapitre, nous croyons utile de vous rappeler l'importance que revêt l'**intégration** de ces douze axes de développement quand vient le temps de faire le choix des stratégies municipales tournées vers l'amélioration de la qualité de vie. L'élu ou le décideur public, inspiré par le concept de Villes et Villages en santé, tentera continuellement de lier chacune de ses actions, de ses choix et de ses décisions à une ou plusieurs dimensions. Il remarquera très rapidement qu'un geste posé pour améliorer la situation dans un axe aura des effets aussi bénéfiques qu'inattendus dans plusieurs autres. Nous appelons cet effet d'entraînement « la contagion des bonnes idées ».

CHAPITRE 3

Pour une stratégie municipale planifiée

3.1 LA RECHERCHE DU BONHEUR MUNICIPAL PAR LA PLANIFICATION STRATÉGIQUE

Depuis le début des années 1980, les organisations font face à deux réalités. D'une part, le monde a changé (et change encore!) et aucune organisation humaine n'a échappé aux impacts des nombreux changements en question. D'autre part, la raréfaction des ressources nécessite de faire des choix éclairés. Dans un tel contexte, la planification stratégique semble être un outil de gestion privilégié par bon nombre d'entreprises des secteurs privé, public et associatif. À cet effet, Roger L. Kemp, dans son livre de 1988 *America's cities: Strategic planning for the future*, estime que, selon plusieurs études américaines, les compagnies dont la mission est clairement établie, ainsi que les choix s'y rattachant, réussissent mieux qu'avant et souvent mieux que les autres. Une revue de la littérature pertinente permet de repérer plusieurs modèles de management stratégique utilisés par l'entreprise privée. Bien que la plupart de ces modèles soient fondés sur la maximisation des profits et le contrôle de l'environnement, les principes de base qui les sous-tendent peuvent être importés dans un modèle de planification stratégique pour une municipalité; un tel modèle peut être adapté à chaque ville selon la dynamique municipale existante. De cette façon, chaque ville ou village peut réaliser des projets qui lui sont propres, à sa façon et selon sa dynamique, tout en ayant une vision globale de son produit municipal, le tout en s'appuyant sur les axes de développement présentés au chapitre précédent.

Étant donné que de nouvelles opportunités et de nouveaux défis se présentent tous les jours aux municipalités, celles-ci doivent être en mesure de gérer efficacement le changement, de manière à créer le meilleur futur possible. C'est là que la planification stratégique s'impose comme une façon systématique d'arriver à ses fins, en se donnant une image plus claire de sa propre identité. Les villes et les villages ont en effet besoin de repenser à ce que veut dire un *service*, à la composition de leur tissu humain et à ce qu'il faut pour réaliser une tâche municipale de façon plus orientée vers le citoyen, plus efficace et plus économique. La planification stratégique est en quelque sorte un processus créatif permettant l'identification et l'accomplissement des actions les plus importantes, en regard des forces et des faiblesses de la ville ou du village et des menaces et opportunités de son environnement. C'est un outil qui permet d'intégrer les stratégies de développement global aux autres outils de planification des municipalités (budget et plan d'investissement, par exemple), en s'assurant qu'ils vont tous dans la même direction.

3.1.1 Introduire de la vision dans les décisions et les actions

Décider et agir avec vision, c'est se donner le droit de rêver. C'est mettre en place les stratégies nécessaires pour que le rêve devienne réalité. Ce rêve peut demander de réussir des choses difficiles, pourvu qu'elles soient accessibles et faisables.

Décider et agir avec vision, c'est aussi définir son identité et concentrer des ressources (souvent limitées) afin de développer un caractère distinctif.

Les villes et villages ont intérêt à développer leurs avantages distinctifs, car ceux-ci seront pris en compte par:

- la FAMILLE qui décide de s'installer là plutôt qu'ailleurs,

- l'EMPLOYEUR qui sélectionne l'emplacement de sa place d'affaires,

- le TOURISTE qui choisit sa destination de vacances.

3.1.2 Imaginer et innover pour se singulariser

L'organisation municipale a tout intérêt à innover et à bien exploiter 100 % de son potentiel, car les avantages d'hier ne suffisent plus à gagner la course aujourd'hui.

- Pour une municipalité, il peut s'agir d'une stratégie axée sur le développement économique, de façon à augmenter les emplois accessibles aux jeunes.

- Une autre municipalité peut développer son potentiel touristique (parcs, musées, hôtels et autres activités).

- Une autre peut attirer de nouveaux résidants et entreprises grâce à un taux de taxation plus bas.

- Certaines municipalités y verront l'occasion de corriger les erreurs passées en intervenant énergiquement sur la qualité de leur environnement physique.

- La protection et la mise en valeur du patrimoine bâti laissent beaucoup d'espace à l'imagination de certains décideurs municipaux.

- L'amélioration et le développement des infrastructures municipales seront au centre de l'action des villes ou villages où la négligence passée a laissé de mauvais souvenirs.

3.2 UN PROCESSUS ÉCONOMICO-POLITIQUE

Comme le décrit Raymond-Alain Thiétart, la planification stratégique peut être vue comme un processus économico-politique[11], c'est-à-dire une démarche dans laquelle coexistent deux dimensions: d'une part les caractéristiques objectives de l'appareil municipal et de son environnement et, d'autre part, des acteurs (élus, fonctionnaires municipaux, citoyens et autres) dont les objectifs sont souvent individualisés et contradictoires. Ces deux dimensions indissociables du processus doivent être prises en compte par le planificateur-stratège.

> La démarche de planification stratégique doit se dérouler comme un **dialogue** entre les élus, les fonctionnaires, les partenaires et les citoyens afin d'établir une certaine **congruence** entre les objectifs et les intérêts des élus, la capacité de l'appareil municipal, les possibilités de développement avec les partenaires et les besoins et les exigences des citoyens.

Le dynamisme et les interactions qui émergent d'un tel dialogue permettent d'atteindre un consensus reposant sur l'expérience et la connaissance de tous. L'implication de chacun des membres et des partenaires de la communauté étant encouragée, les chances de réussite de la mise en œuvre de la stratégie sont d'autant plus grandes.

3.2.1 Une définition s'impose

Plusieurs définitions de la planification stratégique peuvent être proposées.

- «Un processus systématisé et articulé qui précise ce qu'une organisation entend faire, quand et comment, au cours d'une période de plusieurs années[12].»

---

11. Thiétart, Raymond-Alain. *La stratégie d'entreprise*, p. 16.
12. Riverin, Alphonse *et al. Le management des affaires publiques*, p. 140.

- « Un processus séquentiel visant à déterminer les objectifs d'un organisme, à circonscrire son rôle social, son champ d'action prioritaire en fonction de ses forces et faiblesses, de ses possibilités et contraintes, de son environnement, des attentes de sa clientèle, dans un horizon de 3 à 5 ans, et en traçant le chemin pour y parvenir. »

- « Un modèle de raisonnement de ce qui semble être le plus satisfaisant[13]. »

- « La planification stratégique n'est surtout pas un livre de recettes qui garantit des résultats si on suit les instructions. Elle permet d'établir l'analyse de la situation et de déterminer la meilleure stratégie selon le contexte. C'est un art, pas une science[14]. »

Ces réflexions amènent l'organisation municipale à se poser des questions comme :

- Quel type de ville ou de village sommes-nous ?

- Que voulons-nous faire de notre territoire ?

- Où en sommes-nous maintenant ?

  - Un village où il fait bon vivre ?

  - Une ville jeune et dynamique ?

  - Une municipalité où tous travaillent ?

- Comment nous comparons-nous aux municipalités environnantes ?

- Dans quoi sommes-nous très bons ?

- Pouvons-nous tirer profit de ces forces ?

- Quelles sont nos zones grises ?

- Comment les clarifier ?

- Quelles sont les options possibles ?

- Est-ce que l'établissement de certaines politiques ou de certains règlements favoriserait l'atteinte de nos objectifs ?

- Comment mesurerons-nous notre performance ?

- Comment contrôlerons-nous notre démarche ?

---

13. Thiétart, Raymond-Alain. *La stratégie d'entreprise*, p. 18.
14. Kemp, Roger L. Traduction libre tirée de *America's cities : Strategic planning for the future*, p. 51.

– Comment devrait se faire le partage des tâches et des responsabilités majeures entre les élus, les fonctionnaires, les partenaires et les citoyens?

Pour décrire plus spécifiquement un tel processus, nous utiliserons un modèle qui met en évidence les concepts développés lors d'une démarche de planification stratégique.

3.3 UNE REPRÉSENTATION CONCRÈTE DU PROCESSUS DE MANAGEMENT STRATÉGIQUE

Au tableau 2, on peut voir le modèle retenu pour ce guide, qui est inspiré de celui élaboré par Lawrence R. Jauch et William F. Glueck[15]. Ces derniers décrivent clairement chacune des cinq étapes du processus de planification stratégique, auxquelles il faut ajouter les processus d'**anticipation** et de **rétroaction**. Car, bien que les éléments conceptuels soient traités d'une manière séquentielle et selon une démarche linéaire, il s'agit d'un processus dynamique, qui nécessite des retours constants vers les éléments précédents, afin de permettre à l'organisation de s'ajuster à des réalités nouvelles.

TABLEAU 2
Présentation d'un modèle en planification stratégique

La définition de la mission, des buts et des valeurs

Déterminer la mission, les buts et les valeurs de la ville ou du village et de ses principaux preneurs de décision.

L'analyse et le diagnostic

Investiguer l'environnement et porter un diagnostic sur l'influence des menaces et des opportunités.

Examiner les forces et les faiblesses de l'appareil municipal et porter un diagnostic sur elles.

Le choix de la stratégie

Considérer des options variées et s'assurer que la stratégie appropriée est choisie.

L'implantation de la stratégie

Voir à ce que les plans, les politiques, la structure et le style administratif soient bien assortis avec la stratégie.

L'évaluation et ses critères

S'assurer que la stratégie et son implantation permettront d'atteindre les objectifs en élaborant des critères d'évaluation au début du processus.

---

15. Jauch, Lawrence R. et Williams F. Glueck, *Management stratégique et politique générale*, p. 54.

Nous examinerons maintenant chacune des étapes proposées afin de permettre au lecteur de mieux cerner comment cela peut s'appliquer dans sa propre municipalité.

3.3.1 La définition de la mission, des buts et des valeurs
Découvrir notre mission

Il s'agit ici d'établir notre raison d'être en tant que municipalité. Posons-nous la question: «Quel type de ville ou de village sommes-nous?» Plusieurs élus et gestionnaires partagent l'avis que tous les villages et les villes possèdent la même mission, c'est-à-dire celle décrite par la loi. Simplifier à ce point la gestion d'un milieu de vie, c'est en quelque sorte méconnaître le produit municipal à livrer, surtout dans le nouveau contexte de la *Loi sur les compétences municipales*.

Pour formuler **sa mission**, la ville ou le village doit d'abord placer le citoyen au cœur du processus et non en faire abstraction. Car le citoyen est à la fois un actionnaire qui veut la satisfaction de ses besoins au moindre coût et un client qui consomme les produits conçus et offerts par la municipalité. Le gouvernement local n'existe pas pour faire des profits; il est plutôt là pour maintenir ou améliorer la prospérité sociale et économique de la communauté. Nulle municipalité ne peut exclure de sa mission la livraison des services de base pour laquelle elle est mandatée, mais toutes peuvent s'exprimer sur le «comment» elles vont faire cette livraison.

- Pratiquons-nous une gestion efficace et économe?

- Plaçons-nous le citoyen au centre de nos décisions?

- Favorisons-nous la participation citoyenne?

- Contribuons-nous à bâtir un milieu de vie de qualité pour notre communauté?

- Privilégions-nous la responsabilisation de chacun des membres de notre organisation?

- Favorisons-nous un partenariat accru avec les autres intervenants, leviers sociaux et économiques (organismes ou entreprises) de notre milieu?

Le choix de la **mission** est un consensus entre les options et les valeurs retenues par les élus, les gestionnaires et les citoyens, les réalités de l'appareil municipal et de ses ressources, la possibilité de créer des synergies avec des partenaires et enfin les besoins et les exigences des citoyens.

La mission exprime la **philosophie de gestion** de la municipalité en formulant des énoncés sur :

- sa visée globale ;

- son orientation envers la qualité ;

- sa contribution au développement de ses milieux de vie ;

- sa préoccupation pour assurer la pérennité des choix exercés.

La mission est le point d'ancrage qui traverse tout l'appareil municipal, permettant ainsi au gestionnaire municipal d'aligner tous les services de base, tous les services publics et toutes les activités de planification dans le même sens que la stratégie choisie.

Une mission clairement définie véhicule à l'intérieur et à l'extérieur de la ville (ou du village) les assises sur lesquelles s'édifieront ses futurs rêves.

Voici un exemple de texte descriptif de la mission municipale :

> Notre ville se veut un milieu de vie stimulant et attrayant, mobilisé pour promouvoir la qualité durable de l'environnement, l'encadrement et le développement optimal des jeunes qui y vivent, assurant la population de tous âges de la prééminence de la mise en œuvre d'efforts concertés pour assurer son développement social, patrimonial et économique, en pleine conscience de la capacité financière de ses contribuables.

Pour en faire un rappel constant, le texte décrivant la mission municipale se doit d'être diffusé sur une large échelle et affiché dans la salle du conseil, les lieux de travail des employés municipaux et les édifices publics utilisés par la municipalité.

Cibler les objectifs

Une façon de matérialiser la mission est d'y rattacher des buts et des objectifs, tant quantitatifs que qualitatifs. Ces objectifs doivent être formels, spécifiques, mesurables, ordonnés et séquentiels. Avant tout, ils doivent lancer un défi… mais un défi accessible.

Ces **objectifs**, qui sont des cibles tangibles :

– aident la ville ou le village à se définir dans son milieu ;

– permettent la coordination des décisions en dirigeant l'attention des employés sur des standards désirables ;

– servent de base à la sélection de critères permettant l'évaluation de la performance et des résultats.

Cette performance ne signifie pas nécessairement l'élaboration de nouvelles activités, mais plutôt l'adoption d'une nouvelle approche de gestion où la productivité est augmentée et le superflu éliminé. Comme le mentionne Alphonse Riverin, « La municipalité doit fonder sa survie et sa marge de manœuvre sur l'amélioration et le raffinement de toutes ses ressources, plutôt que sur la multiplication de ses structures et le dédoublement de ses services[16]. » Les objectifs sont des mesures tactiques, qui font référence au produit municipal ; ils précisent le niveau de qualité souhaité dans la livraison des différents services municipaux.

S'identifier à des valeurs

La notion de **valeur** fait référence à une chose importante qui est vraie, belle et bonne selon notre jugement. Ainsi, pour le village ou la ville, il s'agit d'identifier quelles sont ces valeurs qui lui tiennent à cœur et qui mobiliseront forces et énergies dans le quotidien municipal. Pour que les valeurs privilégiées guident les élus et les gestionnaires dans l'accomplissement de la mission municipale et dans le développement et la promotion des attitudes recherchées, ces valeurs doivent être explicites. Formuler ses valeurs sous forme de *postulats*, comme l'on fait les villes de **Québec** et de **Sherbrooke**[17] dans leurs documents de synthèse sur la planification stratégique, est un bon moyen de les énoncer formellement et un bon truc pour pouvoir y référer fréquemment. Voici deux exemples d'une description explicite d'une valeur.

> *La transparence*
>
> La ville veille à ce que les processus et les règles de fonctionnement des paliers politique et administratif soient clairs, précis et connus de toutes les intervenantes et de tous les intervenants internes et externes[18].

---

16. Riverin, Alphonse. *Le management des affaires publiques*, p. 182.
17. Les exemples utilisés pour ce chapitre et dans les suivants datent pour la plupart du début des années 1990 mais demeurent pertinents pour illustrer notre propos.
18. Ville de Québec, *À l'heure des choix*, p. 12.

La prééminence du citoyen

La ville existe parce que des citoyens et citoyennes responsables décident de s'y établir et de se donner des services en commun. Il faut donc se préoccuper de répondre aux besoins et aux attentes du citoyen, de la citoyenne et des autres clients et clientes à desservir, tout en privilégiant le mieux-être collectif[19].

Ainsi, une ville ou un village obsédé par le citoyen pourrait avoir des valeurs telles que :

- la primauté du citoyen ;

- la transparence des actes ;

- l'équité envers les contribuables ;

- l'innovation au niveau des services municipaux ;

- la compétence des ressources humaines ;

- l'imputabilité des actions.

L'important, c'est que ces **valeurs** soient partagées par tous les preneurs de décision et tous les membres de l'organisation et qu'elles soient connues et comprises par les citoyens ; cela permettra de maximiser les chances de réussite de la stratégie. En fait, il s'agit pour les acteurs de l'organisation de s'identifier aux valeurs de la municipalité en les intégrant dans leurs rapports avec les citoyens et leurs activités quotidiennes.

3.3.2 L'analyse et le diagnostic

L'environnement externe, ses menaces et ses opportunités

L'analyse de l'environnement permet de se sensibiliser au contexte dans lequel baigne la municipalité. Cette exploration stratégique externe vise à mettre en évidence les grandes tendances de l'environnement en termes d'opportunités et de dangers, à anticiper l'influence de ces tendances et à détailler les secrets de la réussite. Il s'agit de se poser des questions comme : « Que voulons-nous faire de notre territoire ? Où en sommes-nous maintenant ? » Le regard est tourné vers l'extérieur de manière à être davantage à l'écoute des préoccupations et des besoins de la communauté. On s'intéresse aux environnements économique, politique et social. À cette fin, certaines activités sont recommandées :

---

19. Ville de Sherbrooke, *Mission, vision, valeurs et grandes orientations*, p. 5.

- étude de l'évolution démographique : profil socioéconomique ;
- analyse des tendances régionales ;
- recensement d'opinions de personnes-clés ;
- consultation populaire.

Regardons plus attentivement

L'étude de l'évolution démographique vise à tracer un portrait de la population permettant de connaître mieux les citoyens de notre localité. Plusieurs interrogations peuvent être posées :

- Comment la population est-elle répartie sur notre territoire ?
- Dans quel coin vivent les jeunes, les adultes, les aînés ?
- Quelles sont les structures familiales rencontrées ?
- Les citoyens sont-ils propriétaires ou locataires de leur habitation ?
- Quelles(s) langues(s) parle-t-on ?
- Quelle est l'occupation des hommes et des femmes qui habitent chez nous ?
- Quel est leur niveau de revenu ?
- Quel est leur niveau de scolarité ?
- Quelles sont leurs principales préoccupations ?

La municipalité retient les pistes qui lui semblent les plus pertinentes pour dresser un profil représentatif de sa population. Pour dresser son portrait, elle peut s'inspirer du *Guide pour un portrait de quartier* réalisé par la Ville de Montréal. Il s'agit d'un outil très précieux pour réaliser cette étape. Ce profil démographique est important, car c'est en quelque sorte le **moteur** qui permettra à la ville ou au village de prendre la **route** vers **l'obsession du citoyen** et servira de toile de fond aux nombreuses décisions de l'appareil municipal.

Par ailleurs, selon l'équipe qui a produit le *Guide pour un portrait de quartier*, une telle démarche revêt deux avantages supplémentaires reliés à la participation des citoyens et à la concertation intersectorielle :

La connaissance du milieu de vie et des caractéristiques socioéconomiques de la communauté est un des préalables à une meilleure prise en mains par cette même communauté de son développement et de l'amélioration de sa qualité de vie[20].

Faire un portrait de quartier, c'est aussi travailler avec l'ensemble des partenaires, mettre en commun des compétences et des ressources diverses, définir collectivement ce qu'est un quartier en santé pour enfin se donner une nouvelle vision de son milieu[21].

L'analyse des tendances régionales est un regard critique sur le flot de données relatives aux perspectives d'évolution à moyen et à long termes de la région. Plusieurs informations peuvent être fournies par la MRC : le schéma d'aménagement, les résultats de recherches effectuées par des organismes de développement économique, de développement communautaire ou par d'autres organisations offrant des informations pertinentes, ou encore les données provenant de certains ministères et qui ont été acheminées à la MRC. Les recensements de Statistiques Canada sont aussi une source d'information très utile à cette analyse.

Il est parfois utile d'évaluer l'impact potentiel de la transformation de l'économie nationale, voire mondiale, particulièrement si la structure industrielle ou commerciale de la région est composée d'entreprises de calibre international ; dans cette situation, l'avenir économique de la communauté peut dépendre de décisions prises ailleurs dans le monde. Une documentation exhaustive des marchés reliés à ces entreprises devrait faire partie intégrante de la démarche de planification. Souvenons-nous des fermetures de Hyundai à Bromont, de GM à Boisbriand, de la crise du bois d'œuvre ou de celle de l'amiante, et du chaos vécu par chacune des communautés avoisinantes.

Quant à lui, le recensement d'opinions de personnes-clés est une manière d'acquérir assez facilement des indices sur ce que nous réserve l'avenir. Il s'agit de communiquer avec des personnes qui agissent comme des leviers dans notre milieu et qui ont acquis assez de connaissances dans des domaines comme la technologie, l'économie, la politique, l'environnement, la santé ou les valeurs sociales, et qui y ont consacré assez de temps pour avoir une opinion sur l'avenir. Ces différents points de vue enrichissent notre vision du milieu et nous aident à mieux cerner le rôle que l'organisation municipale devra jouer dans le futur.

---

20. Ville de Montréal, *Guide pour un portrait de quartier*, p. 7.
21. *Ibid.*, p. 17.

Finalement, la consultation populaire permet d'identifier les attentes de la population. Pour que les résultats soient représentatifs, il est important de consulter chaque catégorie de citoyens. Par le biais de questionnaires, on peut s'adresser aux enfants ou aux adolescents, afin de connaître leur vision de la municipalité. L'organisation d'ateliers dits « de vision stratégique[22] » peut nous permettre de déterminer ce que les adultes veulent. Il peut aussi être intéressant de mixer les genres, par exemple inviter ensemble des groupes communautaires et des gens d'affaires. Bref, ce qui importe lors d'une telle consultation, c'est de stimuler l'effort de la communauté au lieu de décider et d'agir à sa place.

L'appareil municipal : ses forces et faiblesses

Si la municipalité doit s'intéresser à son environnement externe afin d'en percevoir les menaces et les opportunités, elle doit également se pencher sur ses propres forces et faiblesses tant sur le plan des services offerts à la population et de la performance de l'appareil municipal, que sur le plan du développement régional. En menant une revue sérieuse et réaliste de ses opérations et de ses capacités, la municipalité trace son propre portrait, grâce à des questions comme les suivantes :

- Comment nous comparons-nous aux municipalités environnantes ?
- Dans quoi sommes-nous très bons ?
- Pouvons-nous tirer profit de ces forces ?
- Quelles sont nos zones grises ?
- Comment les clarifier ?

Tous les éléments importants doivent être relevés afin de bien identifier les points forts et les points faibles de l'organisation municipale.

Le bilan dressé par la ville ou le village lui permet de faire le point sur sa structure organisationnelle, son personnel, ses services, ses finances et ses ressources matérielles. C'est en se posant des questions comme celles-ci que la municipalité pourra analyser son portrait.

---

22. Technique aussi désignée sous le nom de « fantaisie guidée », permettant aux participants d'imaginer une municipalité idéale. Voir : http://www.rqvvs.qc.ca/pub/publications.asp

À l'égard de sa structure organisationnelle

- Comment les responsabilités sont-elles partagées entre le pouvoir politique et le pouvoir administratif?
- Est-ce que les rôles des élus et des gestionnaires sont clairement définis?
- Est-ce que chaque membre joue bien son rôle d'élu, de gestionnaire municipal, de membre d'un comité?
- Comment pouvons-nous qualifier nos procédures administratives?
- Quels sont nos processus de contrôle? Sont-ils efficaces?
- Comment les décisions se prennent-elles dans l'entreprise municipale?
- Notre organisation se qualifie-t-elle de flexible ou de rigide?

À l'égard du personnel

- Connaissons-nous les talents de nos employés?
- Notre organisation est-elle capable d'attirer et de retenir un personnel de qualité?
- Quelles sont nos politiques de promotion et de récompense? Récompensons-nous les bons coups?
- L'information circule-t-elle bien dans l'entreprise municipale?
- Comment est notre système de recrutement? Recrutons-nous les bonnes personnes au bon moment?
- Où nous situons-nous concernant les salaires?
- Investissons-nous dans la formation du personnel?
- Nos ressources sont-elles évaluées périodiquement?

À l'égard des services

- Quels sont les services offerts à la population?
- Est-ce que ces services répondent aux besoins exprimés des citoyens?
- Sommes-nous performants dans la livraison de ces services?

- Offrons-nous des services de qualité au coût le plus bas ?

- Avons-nous collectivement les moyens de nous payer ces services ?

À l'égard des finances

- Notre municipalité peut-elle se vanter d'être en bonne santé financière ?

- Notre niveau d'endettement est-il acceptable ? Respectons-nous l'équité fiscale dans la répartition de nos charges ?

- Faisons-nous un usage éclairé de la tarification (utilisateur/payeur) ?

À l'égard des ressources matérielles

- Nos immobilisations sont-elles planifiées adéquatement ?

- Nos équipements sont-ils bien entretenus, protégés, identifiés et utilisés ?

- Notre politique d'achat est-elle efficace ?

- Nos stocks sont-ils nécessaires et bien contrôlés ?

L'ensemble de ces informations permettra à la ville ou au village de bien identifier les forces et les faiblesses au sein de son appareil, afin d'identifier les endroits où certains redressements pourraient améliorer la performance administrative municipale.

3.3.3 Le choix de la stratégie

Diverses possibilités quant aux moyens à choisir

Compte tenu de son environnement externe et des caractéristiques internes qui lui sont propres, l'organisation municipale doit examiner chacune des options stratégiques qui s'offrent à elle et choisir les stratégies qui semblent les plus adéquates pour transformer la municipalité ou bâtir sur ses acquis. La question qui se pose maintenant est : « Quelles sont les options possibles ? » La réponse constitue en fait la vision de ce que veut être la municipalité dans le futur. En se référant à l'analyse et au diagnostic de son organisation et de l'environnement dans lequel elle baigne, la municipalité pourra définir les différentes stratégies à examiner en fonction de :

- la définition du type de services à offrir à la population;
- la détermination du coût et de la qualité des services;
- le choix des orientations de développement.

Lorsque vient le temps de passer aux actes pour offrir un service à la population, quelques possibilités s'offrent aux municipalités:

- la prise en charge directe du service;
- l'impartition ou le recours à des partenaires;
- la privatisation.

Bien sûr, la sélection de l'une ou l'autre de ces approches doit se faire avec le même souci, la même préoccupation à l'égard du mieux-être du citoyen que ceux manifestés au moment des choix concernant la quantité et la qualité des services à offrir. Voici donc quelques éléments qui permettront de mieux comprendre les tenants et les aboutissants de ces différentes options.

La prise en charge du service

La façon la plus traditionnelle d'effectuer la gestion municipale est sans aucun doute l'exécution en régie des opérations municipales. Cette manière de faire a permis à plusieurs municipalités de se démarquer par la qualité et la quantité des services offerts. En effet, la motivation, l'appartenance et le dévouement des employés municipaux sont des attitudes plus répandues qu'on aime l'imaginer. Des municipalités de toutes tailles en sont des preuves très éloquentes. Par exemple, la municipalité de **Pintendre**[23], sur la Rive-Sud de Québec, doit une fière chandelle à ses employés permanents qui se sont impliqués personnellement dans la mise en œuvre de son programme « **Ville en santé** ». En participant à l'organisation des consultations et en apportant une assistance technique à la compilation des résultats, les responsables des différents services et les employés municipaux se sont investis en tant que citoyens. Ils ont, de plein gré, accepté de travailler en heures supplémentaires non rémunérées au développement de leur municipalité.

Parfois, la recherche de l'efficacité, de l'économie et de la souplesse administrative amènera les dirigeants municipaux à remettre en question cette approche de gestion. De nos jours, il apparaît de plus

---

23. Annexée à la Ville de Lévis en 2002.

en plus important de maintenir de petites structures, capables de faire face rapidement à des changements dans les besoins à combler ou dans l'orientation de la mission municipale. Il convient alors de concentrer la prise en charge des opérations par les employés municipaux dans les activités de direction et dans les opérations les plus statutaires. De cette façon, l'appareil municipal mettra l'accent sur la réalisation de sa mission, laissant à des partenaires ou à des entreprises les aspects de l'opération ou de la livraison de différents services. Somme toute, il s'agit de trouver la méthode la plus efficace et la plus économique pour livrer la marchandise. L'utilisation des études de *coûts et bénéfices* et la mise en compétition des services municipaux avec le secteur privé sont des moyens tout à fait appropriés pour alimenter le conseil municipal lors de ses décisions en ces domaines.

L'impartition, ou le recours à des partenaires

L'impartition, voilà un terme à la mode. C'est tout simplement ce qu'on appelle « le faire avec ». La municipalité qui recherche des méthodes efficaces et sans effet sur ses structures trouvera dans cette méthode des solutions innovatrices pour livrer les services municipaux. C'est le recours systématique à des partenaires qui devront partager la vision municipale, mais qui ne seront chargés que d'un ou de quelques mandats, lesquels seront directement liés à leurs compétences. À ce titre, citons l'exemple de la Ville de Lévis qui, après avoir étudié les aspects économiques de la question, a confié intégralement la gestion de son usine d'épuration à une firme spécialisée dont le mandat est de rencontrer, aux meilleurs coûts possibles, les normes sur la qualité de l'eau traitée, fixées et contrôlées par la municipalité.

L'impartition n'implique pas seulement le recours à des entreprises privées ; c'est également le recours à d'autres municipalités, à des organismes intermunicipaux ou à des organismes *ad hoc*, pour résoudre un problème ou répondre à un besoin manifesté par la population. Un exemple intéressant est celui de la création d'un parc botanique à Rouyn-Noranda, où il fut décidé de confier à une corporation sans but lucratif la mise en œuvre du projet. Un bref historique fera mieux comprendre l'impact de cette décision.

Tout a commencé en 1987 lorsque Rouyn-Noranda décida de se doter d'un projet « Ville en santé », réalisant ainsi un vieux rêve de quelques citoyens, soit celui d'aménager le terrain vague situé autour du lac Édouard, en plein centre-ville. Malgré le refus de la Ville de réaliser directement ce projet, faute d'argent, le comité « Ville en santé » le considéra comme prioritaire et décida de le concrétiser en adoptant une approche tout à fait originale.

On créa d'abord une corporation autonome, appelée « **À Fleur d'Eau** », qui allait prendre en charge le projet. Plusieurs partenaires s'y retrouvèrent et acceptèrent d'y investir les énergies requises.

- la Ville de Rouyn-Noranda;
- la Société d'horticulture et d'écologie de Rouyn-Noranda et certains commerces d'horticulture;
- le Cégep;
- les écoles environnantes;
- plusieurs grandes entreprises de Rouyn-Noranda;
- certains groupes communautaires;
- des citoyens.

Quatre ans plus tard, on estima que plus de 2 800 personnes avaient participé activement à la réalisation de ce parc. Avec un investissement global de 150 000 $ pour la Ville, on a aménagé un parc dont la valeur est aujourd'hui estimée à un million de dollars. De plus, il est intéressant de souligner qu'il n'existe aucune forme de vandalisme dans ce parc. En effet, tellement de gens ont participé à son aménagement qu'il est devenu une propriété collective que chacun veut protéger. En faisant participer la communauté à l'accomplissement de ce projet, la Ville de Rouyn-Noranda a donc non seulement économisé des sous, mais elle a aussi augmenté le sentiment d'appartenance de ses citoyens jeunes et moins jeunes.

Plusieurs services ou activités municipales peuvent avantageusement être confiés à l'impartition : certaines fonctions de la sécurité publique, la gestion des réseaux d'aqueduc et d'égouts, la gestion des équipements sportifs, la préparation des comptes de taxes, la gestion des bibliothèques, etc.

Un autre bel exemple est sans doute celui de la gestion de la bibliothèque municipale de la Ville de **Québec,** confiée depuis plusieurs années à l'**Institut canadien**, une corporation indépendante dont les services sont rémunérés en partie par la Ville, au moyen de subventions annuelles de fonctionnement.

Nous pensons que cette façon de voir la gestion municipale connaîtra une très grande évolution au cours des prochaines années. Il y a donc intérêt pour tout élu ou gestionnaire municipal à se documenter et à examiner les activités ou secteurs qui pourraient être optimisés par le recours à l'impartition.

La privatisation

Notre intention n'est pas ici de vanter les mérites de l'entreprise privée et de ses avantages par rapport au secteur public, mais plutôt d'identifier les bénéfices que la municipalité peut parfois réaliser à lui confier certaines activités. Lorsque, dans son examen des méthodes disponibles pour livrer un service ou un produit, la municipalité estime :

– que certaines activités ne sont plus liées à sa mission,

– que d'autres activités n'ont pas nécessairement à être mises en œuvre par ses employés,

– ou que certaines autres activités ont tout intérêt à être placées dans un contexte de compétition, dans le but de réduire la charge aux contribuables,

… elle a intérêt à se tourner vers une entreprise ou un organisme privé.

À titre d'exemple, certaines activités de type commercial (gestion de salles de cinéma, de salles de quilles, d'équipements sportifs), qui souvent ont été prises en charge par la ville ou le village alors qu'il y avait crise économique ou difficultés temporaires, pourraient faire partie d'un plan de privatisation, dont l'objectif serait de réduire l'intervention municipale sans pour autant affecter la qualité de vie du citoyen. La municipalité doit effectivement faire tous les efforts pour maintenir le cap sur sa mission, en s'écartant des intermèdes où elle a dû élargir ses champs d'activités pour protéger l'accès à des services privés ou publics nécessaires à la qualité de vie de ses citoyens.

De plus, comme nous l'avons énoncé plus tôt, il peut être intéressant de sonder le marché, afin de répondre à certains besoins reliés à la mission municipale, mais dont la mise en œuvre fait appel à des techniques ou à des compétences que l'on peut facilement retrouver dans le secteur privé. Dans ce contexte, la municipalité doit agir comme **contrôleur de la qualité et de la quantité du service**, tout en confiant intégralement sa prestation et la relation d'affaires à une entreprise désignée par voie de soumission. Certaines municipalités ont d'ailleurs déjà choisi cette façon de faire.

- La Ville de **Saint-Hyacinthe** a entièrement privatisé son service de collecte des ordures ménagères. Dans ce contexte, le citoyen transige avec une entreprise qui a pour mandat d'offrir ce service dans le secteur où il demeure et c'est l'entreprise qui facture et qui livre le service.

- **D'autres municipalités** ont conservé la gestion de la collecte des ordures, mais ont confié au secteur privé la fourniture de bacs roulants dont elles voulaient rendre l'usage obligatoire.

Pour une stratégie gagnante

C'est le temps d'être créatif et unique, en conjuguant notre compétence distinctive avec les opportunités et menaces. Une stratégie adéquate découle de la mission, des objectifs et des valeurs de l'organisation et permet à la municipalité d'**être efficace, efficiente et économe**.

Avec un effort de créativité et d'innovation, il sera possible de remodeler les services offerts de manière à obtenir une nouvelle équation : **plus de services avec moins d'argent** ou même, comme le suggère George B. Cuff, président d'une firme d'experts-conseils en Alberta, **moins de services avec moins d'argent**[24].

Ainsi, une bonne stratégie permettra de faire des choix quant à l'allocation des ressources d'une municipalité et de trouver de nouvelles façons de faire pour rentabiliser les activités avec un minimum d'investissement. Chaque ville ou village peut développer sa stratégie gagnante qui lui permettra d'exploiter ses avantages distinctifs, de remédier à ses faiblesses et de capitaliser sur ses forces. En se spécialisant, par exemple, dans la fourniture de certains services spécifiques à sa population et en développant des services susceptibles d'intéresser les municipalités avoisinantes, la municipalité pourra **faire plus avec moins**.

Peut-être aussi choisira-t-elle, avec l'appui de ses citoyens, de **faire moins avec moins**. Les conditions économiques difficiles et la diminution de la capacité de payer des contribuables sont des facteurs pouvant amener la municipalité à réfléchir sur la nécessité d'offrir certains services. Elle examinera si les services offerts sont vraiment essentiels et requis par la population. Elle pourra également opter pour une réorganisation de ses structures, de manière à réduire le nombre

---

24. Cuff, George B. Traduction libre tirée de l'article « What business are we in ? », *Urban Perspective*, p. 9.

de divisions à gérer, à combiner les services compatibles, à éliminer les duplications de fonctions et à privatiser certaines activités. La municipalité réalisera peut-être que les citoyens sont moins exigeants qu'elle ne l'estimait et qu'ils sont prêts à changer certaines habitudes, pour le mieux-être de la communauté.

Au Québec, certaines municipalités se sont déjà penchées sur ces questions. C'est le cas de la Ville de Sherbrooke, en Estrie, à propos de laquelle le quotidien *La Presse* rapportait dans son édition du vendredi 3 décembre 1993 «...que son plan stratégique est un des meilleurs au Canada». Pourquoi ? Parce que la « Reine des Cantons de l'Est » a **décidé d'agir avec vision.** Sa vision est celle-ci.

- Ses taxes sont compétitives avec celles des autres municipalités, de façon à attirer de nouveaux résidents.

- L'accès aux propriétés est facile.

- La culture et la sécurité sont au cœur des préoccupations des élus et des gestionnaires municipaux.

L'intégration de cette vision dans sa gestion a eu les effets suivants :

- Absence de surtaxe sur les immeubles non résidentiels ;

- Aucune hausse de taxes en 1993 et en 1994 ;

- Gagnante du prix de la Ville industrielle 1993 du Québec ;

- Maintien ou légère augmentation du nombre d'emplois manufacturiers, d'entreprises et de projets d'investissements ;

- Conservation de sa cote de solvabilité au niveau « A » ;

- Baisse du niveau de la dette à long terme.

Sherbrooke a su relever le défi des années 1990. Elle a su **capitaliser sur ses forces** (vente aux municipalités avoisinantes de certains services qu'elle produit, comme l'électricité, l'aqueduc et la protection contre les incendies), **corriger ses faiblesses** (réduction de certains services moins importants pour la population), **saisir les occasions** (développement de relations d'affaires avec la Nouvelle-Angleterre) et **contourner les menaces** de son environnement (fermeture d'entreprises exploitant des secteurs mous comme le textile).

La Ville de Sherbrooke a décidé d'arriver à ses fins, en se donnant une image plus claire de sa propre identité. Par le biais de la planification stratégique, elle a remis en question ses façons d'exécuter les tâches municipales, pour arriver à les accomplir de manière économique, humaine, efficace et efficiente. Grâce à un contrôle rigoureux des dépenses et à une bonne gestion de son développement économique et de sa dette, elle a su **faire moins avec moins.**

Concrètement, Sherbrooke a choisi de:

– payer comptant ses dépenses d'immobilisation au lieu d'emprunter pour investir;

– modifier sa méthode de collecte des déchets avec l'accord de ses citoyens;

– geler les salaires de ses fonctionnaires pour une période de cinq ans;

– profiter du libre-échange pour mettre en place des missions commerciales avec des villes américaines afin de développer un marché pour l'exportation.

Bref, la Ville de Sherbrooke a su faire les choix difficiles qui s'imposaient pour le mieux-être de sa communauté.

3.3.4 L'implantation de la stratégie

La planification stratégique n'implique pas seulement de penser à « ce qui pourrait être fait », mais aussi à « comment on va le faire ». Maintenant que la stratégie est développée, il faut la mettre en œuvre. La question qui se pose devient alors : **« Est-ce que certaines politiques ou certains règlements favoriseraient l'atteinte de nos objectifs ? »**

La mise en œuvre, c'est l'étape ultime de la stratégie, c'est la concrétisation du grand rêve. Pour réaliser ce rêve, il importe donc que les structures, les politiques, les plans et le mode de gestion de l'appareil municipal soient adaptés aux caractéristiques des actions qu'il est nécessaire d'entreprendre. Les deux prochains exemples nous permettront de voir de façon concrète comment la mission, les objectifs, les stratégies et les axes de développement VVS sont interreliés.

• Prenons d'abord l'exemple d'une petite municipalité qui, dans son plan stratégique, se donne comme mission « d'être une municipalité de la famille, une municipalité qui privilégie la vie de quartier ». C'est cette mission qui l'amènera année après année à orienter ses stratégies vers la réalisation de cette mission. Dans le cas où un de ses objectifs serait « la conservation de l'école primaire », les stratégies à mettre en place pourraient comprendre :

- Chercher de l'appui dans la population ;
- Mettre en place un comité dédié ;
- Prévoir une solution de rechange ;
- Informer de façon massive la population sur ce qui se passe.

Si un des objectifs était que « chaque quartier ait son parc de secteur », les stratégies pourraient comprendre :

- Décider quelle portion du budget sera affectée pour les parcs ;
- Acquérir de façon stratégique et planifiée des terrains pour chaque secteur ;
- Prévoir aux règlements que les développeurs laissent un pour-centage d'espace pour les parcs de secteur et que ces terrains soient conformes aux normes de sécurité pour les enfants.

Deuxième exemple, celui d'une ville qui se donne comme vision « **d'être une ville sécuritaire** ». Sa mission se traduit comme suit : « Fournir un milieu de vie sécuritaire où l'ensemble de ses citoyens peuvent travailler, se divertir, se reposer et se développer en toute quiétude. » Les stratégies qu'elle retiendra devront permettre d'atteindre les objectifs et contribuer ainsi à la mission générale et à celle de chacun des services.

- Le service des travaux publics, voulant diminuer le nombre d'accidents aux intersections (objectif), pourra ajouter des feux de circulation (stratégie). Si un autre objectif était d'améliorer les voies de circulation, sa stratégie pourrait être de prévoir des voies sécuritaires pour les cyclistes et les piétons.

- Le service de police, désirant augmenter la sécurité des personnes âgées en diminuant la violence, pourra développer des stratégies d'information et de formation : informer les personnes âgées et la population en général sur les moyens d'éviter la violence et former les policiers à prévenir les situations de violence et à venir en aide aux victimes. Pour contrôler l'efficacité de ces stratégies, le nombre de plaintes de violence devra être mesuré (évaluation de l'atteinte de l'objectif).

- Finalement, le service des incendies, privilégiant la prévention des incendies et la réduction des pertes de vie (objectif), pourra effectuer un certain nombre de visites lui permettant d'identifier les risques pour les maisons unifamiliales, multifamiliales, les commerces et les industries (stratégie). Pour que ces visites soient bénéfiques, il devra s'assurer que ses inspecteurs aient la formation nécessaire pour travailler efficacement; il devra, de plus, choisir d'informer les citoyens par le biais d'une campagne structurée, afin d'augmenter leurs capacités en matière d'identification autonome des risques dans leur milieu.

On voit bien qu'à partir d'une vision globale, une ville ou un village peut se donner une mission, se fixer des objectifs mesurables et implanter ensuite dans l'ensemble de son organisation les stratégies et les moyens qui l'amèneront à la réalisation de ses objectifs.

Pour favoriser la mise en œuvre d'une stratégie, quelques principes s'imposent.

a) Remplacer l'approche réglementaire par une gestion guidée par une mission et des objectifs clairs:

- En recherchant l'**efficacité**

  La connaissance claire et précise de la mission et des objectifs est un atout de taille lorsque l'on recherche l'efficacité. Pour atteindre des résultats et créer un avenir meilleur, il faut savoir où l'on va et faire ce qui doit être fait, en accord avec les besoins exprimés par les citoyens.

- En recherchant l'**efficience**

  Rechercher l'efficience, c'est faire mieux ce qui doit être fait. Pour le gestionnaire, le moyen le plus susceptible de produire des économies se résume à bien saisir la différence entre l'essentiel et l'accessoire.

- En mettant l'accent sur les **résultats**

  Chaque geste, chaque action doivent être orientés vers le résultat final. Le gestionnaire doit tracer le chemin le plus court pour y arriver, en éliminant les barrières et en se moquant de la tradition. Pour que la gestion de tous les services soit orientée vers les résultats, une définition claire des attentes et des unités de mesure s'impose; il faut identifier des critères de mesure de l'atteinte de la mission au début de la démarche.

- En encourageant l'**innovation**

C'est dans la recherche du nouveau, de l'inédit, que l'on trouvera *comment faire autrement*. La municipalité ne doit pas craindre de remettre en question tous ses processus. Les activités qui ne procurent aucune valeur ajoutée au produit ou au service ne méritent pas d'être poursuivies.

- En favorisant la **flexibilité**

Le processus de planification stratégique doit être souple et flexible, de façon à permettre un ajustement aux changements de conditions. De plus, l'organisation municipale doit être à l'écoute des facteurs pouvant avoir une influence sur son programme, qu'ils découlent des obligations et responsabilités des gens impliqués ou encore d'événements survenant dans la communauté. Il s'agit de s'inspirer ici du diagnostic interne et externe.

- En entreprenant des **actions motivantes** pour les employés

La municipalité devrait établir un système de récompenses pour les employés qui développent de nouvelles façons de faire ou de nouvelles stratégies, en ayant le souci de les soutenir lorsqu'ils doivent corriger un échec.

b) Développer une approche horizontale pour résoudre les problèmes et livrer les services :

- En éliminant les **barrières** et en développant la **concertation**

Une municipalité qui favorise la concertation, c'est une municipalité qui décide de s'ouvrir à ses partenaires avant de passer à l'action. Il s'agit de créer des alliances, des complicités d'un bout à l'autre du système de définition des besoins et de fourniture des services. C'est une façon de faire qui permet d'organiser, d'harmoniser les ressources, les priorités et le fonctionnement de chacun des partenaires, afin d'obtenir des résultats concrets compatibles aux attentes.

- En s'attaquant aux **processus**

La planification stratégique reflète une ferme intention de regarder en avant et de prendre le chemin le plus court qui mènera au succès. Nous sommes ici au point de rencontre de l'efficacité, de l'efficience et de l'économie. Le processus représente l'ensemble des activités qu'il faut mener pour arriver à la réalisation d'un produit ou d'un service. Éliminons la lourdeur administrative inutile et concentrons-nous sur la mission et ses objectifs.

c) Créer une culture autour de la mission

- En obtenant l'**adhésion** de **tous** à **chacun** des niveaux de l'organisation

La clé du succès, dans un projet de planification, est la participation des gens. Plus les acteurs et les services concernés sont impliqués, plus grande est la probabilité d'obtenir le consensus, de développer une stratégie intelligente et d'éviter les obstacles et la résistance lors de la mise en œuvre.

- En **diffusant la mission** auprès de la clientèle

Les citoyens doivent absolument connaître la démarche de la municipalité afin de pouvoir s'intégrer au processus de changement. Une bonne circulation de l'information permettra de les mobiliser et de les responsabiliser dans l'objectif avoué qu'ils contribuent positivement à l'amélioration de la santé générale de leur municipalité pour en faire un meilleur milieu de vie.

d) Permettre l'erreur

- En **corrigeant** la **situation**

Les erreurs sont naturelles et inévitables lorsqu'il y a effort de créativité et d'innovation. L'imputabilité ne rend pas infaillible. Permettre l'erreur, c'est ne pas punir pour les stratégies qui échouent, mais plutôt remédier à la situation et documenter l'expérience afin que celle-ci soit profitable à l'avenir.

3.3.5 L'évaluation et ses critères

Cette étape du processus est celle où l'on s'assure que la stratégie est bien implantée et qu'elle répond efficacement aux objectifs de notre ville ou village. Les questions qui nous préoccupent maintenant sont :

- Comment mesurerons-nous notre performance ?

- Comment contrôlerons-nous notre démarche ?

Une bonne méthode pour répondre à ces questions sera de mettre en place un système efficace de mesure de la performance. Pour la construction d'un tel système, la municipalité devra avoir à l'esprit au moins deux critères.

a) Tout doit se mesurer

Dans la plupart des situations, il est possible de compiler des statistiques sur les unités produites. Qu'il s'agisse du nombre, de la qualité, de la distance, du poids ou de toute autre forme de mesure, il faudra choisir les données les plus significatives. Lorsque les données quantitatives seront moins pertinentes ou plus difficiles à compiler, il faudra compiler et interpréter des données qualitatives. Dans d'autres situations, il sera utile de s'en remettre au jugement du client, interne ou externe, en cherchant à obtenir son point de vue au moyen de procédés simples et crédibles.

b) Ce qui ne peut pas se mesurer ne mérite pas d'être fait

Comment pourrons-nous distinguer nos réussites de nos échecs s'il n'existe aucune mesure pour évaluer nos activités ? Il nous sera également impossible d'améliorer la gestion de la municipalité si nous ne disposons pas d'informations judicieuses sur le degré d'atteinte des objectifs. Une telle évaluation doit se réaliser dans un esprit d'amélioration continue. Dans un tel contexte, les erreurs sont excusables ; seules l'insouciance et l'incompétence sont inadmissibles.

3.3.6 L'anticipation et la rétroaction

L'anticipation et la rétroaction sont les deux mouvements qui bouclent ce long processus du management stratégique. Bien que ces deux actions puissent se retrouver à tout moment de la démarche, l'anticipation se manifeste surtout au début de la rêverie, alors que la rétroaction arrive plutôt à la fin du parcours. L'anticipation permettra d'imaginer la stratégie gagnante alors que la rétroaction permettra d'apporter les ajustements nécessaires pour qu'elle le soit vraiment.

a) Nous projeter dans le futur par l'anticipation

Anticiper, c'est faire un voyage vers le futur. Toujours conscients de notre situation actuelle grâce au **diagnostic**, et imprégnés par la connaissance des axes de développement d'une ville en santé (chapitre 2), il suffit d'imaginer la ville ou le village de demain. Pour approfondir sa réflexion, la municipalité peut utiliser une technique de consultation appelée « Fantaisie guidée »[25], dans laquelle elle conviera ses élus, ses gestionnaires, ses citoyens de tout âge et ses partenaires à envisager une ville ou un village où tout fonctionne bien. Au cours de cette activité, les participants seront invités à se poser des questions sur différents aspects de leur municipalité et à identifier ce qui mériterait d'être amélioré.

Pour la municipalité, s'engager dans une telle activité, c'est **décider d'agir avec vision**, la vision de tous les membres de la communauté. En se permettant de rêver à une ville ou un village idéal, la communauté **porte un regard neuf** sur son environnement. Elle s'interroge sur ce qu'elle veut. Connaissant le rêve de plusieurs groupes représentant sa population, la municipalité pourra s'en inspirer pour gérer son quotidien et pour bâtir sa stratégie gagnante. Il s'agira ensuite de se donner des moyens concrets pour réaliser son grand rêve.

b) Nous engager à l'évaluation périodique par la rétroaction

La rétroaction, c'est ce retour en arrière constant, qui permet de s'assurer que l'on a mis de l'avant les bons moyens pour réaliser son rêve. Elle vise à vérifier que les ressources et les moyens sont utilisés de façon économique, efficiente et efficace afin d'atteindre les objectifs de la municipalité. Elle nous signale s'il y a nécessité de faire des ajustements aux stratégies, aux objectifs, aux résultats désirés et aux moyens d'action. Les questions qui se posent alors sont:

- Est-ce que tout se passe comme prévu?

- Avons-nous pris en considération tous les axes de développement VVS?

- Les résultats sont-ils satisfaisants?

- Sommes-nous économes, efficients et efficaces?

- Que pouvons-nous faire pour corriger, améliorer ou maintenir les résultats obtenus?

- Est-ce que notre mission est connue et acceptée par tous les membres de la communauté?

- Nous identifions-nous à nos valeurs?

- Avons-nous réussi à mobiliser nos employés, nos partenaires, nos citoyens?

---

25. Voir: http://www.rqvvs.qc.ca/pub/publications.asp

- Nos objectifs sont-ils réalistes ?

- Avons-nous pris les bons moyens pour mener notre stratégie ?

* * *

Cette rétroaction est indispensable à l'avancement de la municipalité. À tout moment de son parcours sur la route de l'**obsession du citoyen**, la ville ou le village doit contrôler ses virages, sa vitesse et sa direction afin d'arriver à bonne destination. Dans un monde en continuel changement, il ne faut pas craindre également de consulter notre **baromètre** pour apprécier les variations et pouvoir y remédier.

3.4 LE PARTAGE DES RESPONSABILITÉS

Vous devriez maintenant être plus familiers avec le concept de la planification stratégique. Peut-être même avez-vous le goût d'en faire l'expérience. Mais une question se pose encore au tout début d'une telle démarche : « Comment se partageront les responsabilités pour passer à la mise en place d'un plan stratégique ? » (Autrement dit : « Qui fera quoi ? »). En fait, tous les acteurs de la communauté municipale devraient être mis à contribution. Élus, fonctionnaires, partenaires et citoyens devraient participer à la définition de la mission et à la détermination des objectifs stratégiques. Il faudra s'assurer que tous ces acteurs deviennent des adhérents inconditionnels à ce projet municipal et qu'ils connaissent bien la contribution qu'ils devront y apporter pour en faciliter la réalisation.

3.4.1 Le conseil municipal face à la planification stratégique

Dans un environnement incertain et exigeant, une municipalité qui décide de planifier ses stratégies démontre sa ferme intention de regarder en avant et de prendre le chemin qui la mènera au succès. C'est au **conseil municipal** que revient le rôle de **décideur** en matière de stratégie. Parce qu'il représente et administre les affaires de la municipalité, il joue un rôle-clé dans le processus de planification stratégique. C'est lui qui prend les décisions sur les orientations et sur les actions de la municipalité, car il est le fiduciaire, le dépositaire de la mission municipale. Sa contribution se formule comme suit :

- Recueillir l'information nécessaire pour faire les bons choix ;

- Établir des stratégies découlant de la mission et des valeurs municipales ;

- S'assurer que toutes les actions entreprises par la municipalité soient dans le même sillon que la stratégie développée et permettent sa réalisation;

- S'assurer que la stratégie choisie réponde bien aux besoins de la collectivité;

- Encourager l'implication de chacun de ses membres dans divers comités afin de susciter la réflexion partout dans la municipalité;

- Évaluer régulièrement son rendement par rapport au mandat qu'il s'est donné.

Le **maire**, chef de la municipalité, est aussi le **chef d'orchestre** du processus de planification stratégique. C'est le grand **animateur** de la réflexion stratégique qui

- est sans cesse à l'écoute de la population;

- a toujours en tête les axes de développement d'une communauté en santé;

- harmonise sa vision stratégique à sa vision administrative;

- dynamise l'appareil municipal en mettant en place un processus de développement et d'amélioration continus;

- ajuste la stratégie et les gestes municipaux aux changements éventuels de l'environnement;

- assume son leadership en sensibilisant les cadres et tous les employés de la municipalité à l'importance d'orienter leurs actions dans le même sens que la stratégie municipale;

- maintient le cap sur le choix que la municipalité a fait pour sortir gagnante dans sa course à l'obsession du citoyen;

- mobilise les énergies du conseil, des gestionnaires, des citoyens et des partenaires vers l'atteinte du but.

* * *

Le maire et le conseil municipal doivent donc assumer le leadership de la réflexion stratégique municipale. Pour ce faire, ils doivent être informés des changements dans l'environnement, être à l'affût des opportunités qui se présentent, protéger la municipalité contre les menaces éventuelles et enfin développer des stratégies qui permettront à la ville ou au village de capitaliser sur ses forces et de corriger ses faiblesses afin de gagner sa course à l'**obsession du citoyen**. Bref, ils doivent être les **apôtres** qui répandent la mission, les valeurs et les stratégies dans tous les recoins de la municipalité.

3.4.2 Les fonctionnaires municipaux et la planification stratégique

Les fonctionnaires municipaux jouent également un rôle très actif au cours de la démarche de planification stratégique. En plus d'assumer le support technique nécessaire lors de la définition de la mission, des objectifs et des stratégies, ils sont responsables de l'implantation des stratégies retenues et doivent trouver les moyens pour atteindre les buts fixés avec le conseil municipal. Ils devront développer les méthodes de travail qui leur permettront de contribuer à l'accomplissement de la mission municipale. Leur façon de faire devra refléter les valeurs de la ville ou du village. Ils seront directement connectés sur la **mission** et capables de s'y ajuster. Bien que tous les employés travaillent à l'atteinte de la mission, ce sont d'abord les cadres de la municipalité qui donneront l'élan nécessaire à cette échappée stratégique.

a) Le directeur général

Au cours d'un processus de planification stratégique, le directeur général de la ville ou du village est une **personne-clé**, puisqu'il est le premier fonctionnaire responsable de la survie et du succès de la municipalité. Ce directeur général

- est entrepreneur, visionnaire et doué d'un bon leadership ;
- est informé et imprégné du concept VVS ;
- possède et partage une vision globale du développement de la municipalité,
- planifie, organise, dirige et contrôle l'ensemble des services offerts par la municipalité à la communauté, en fonction de la mission, des valeurs, des objectifs et des stratégies priorisés par le conseil municipal ;
- analyse les problèmes et propose divers scénarios de solutions ;
- favorise la concertation entre les différents partenaires de la municipalité afin de créer une communication multidirectionnelle entre les intervenants municipaux ;
- agit en partenaire des élus et établit une complicité étroite avec le maire, tant au niveau de la planification qu'à celui de l'action ;

- favorise une bonne synergie entre le niveau politique et le niveau administratif de la municipalité. Il doit faire comprendre les attentes des uns aux autres. Son rôle est donc mi-politique et mi-administratif: il doit être à l'écoute du politique tout en agissant en fonction d'une saine logique administrative;

- diffuse sa philosophie de gestion orientée sur la mission de la municipalité à tous les gestionnaires et à tous les employés;

- oriente l'accomplissement de toutes ses tâches dans le sens de la mission et des stratégies de la municipalité.

★ ★ ★

L'identification à la **mission**, aux **objectifs** et aux **valeurs** de la municipalité, ainsi qu'à celles du concept VVS, doit donc se propager dans chacune des directions ou des services. Tous doivent s'en inspirer dans l'établissement de leurs propres plans d'opération et dans l'affectation des ressources nécessaires au succès de la stratégie. La clarification des **enjeux** et des **orientations** avec chacun des employés est également primordiale afin de rendre les gens plus **responsables** et de permettre un réexamen des opérations si cela s'avère plus profitable. Rendre les employés plus responsables, c'est leur permettre de:

- participer à la prise de décision;

- participer au choix des méthodes de travail;

- participer à l'évaluation des résultats.

La pratique d'une telle gestion créera une complicité avec les employés, procurant à tous le sentiment qu'ils contribuent vraiment à l'atteinte de la mission municipale.

Examinons maintenant comment cette mission peut se transmettre auprès des responsables des services municipaux.

Tous les gestionnaires responsables de la livraison des services municipaux doivent comprendre que leur contribution est essentielle à l'atteinte des objectifs du conseil. Ils doivent en tout premier lieu s'approprier la mission et les objectifs choisis, se faisant un devoir d'informer leur personnel sur les conséquences que ces orientations auront sur leur travail.

Dans un contexte idéal, ils auront participé aux travaux aboutissant à l'adoption du plan stratégique; il leur sera donc facile de restructurer leurs équipes et de réorganiser leurs activités et programmes en fonction de la collaboration de leur service à l'atteinte de la mission municipale.

Réussir à verbaliser et à illustrer dans un plan d'action ce passage du concept aux activités et aux réalisations concrètes représente un tour de force essentiel à l'atteinte des résultats attendus. Nous baignons ici dans l'environnement idéal où chacun des gestes sera posé, chacune des décisions sera prise en fonction du plan global et de la vision qui sous-tend le plan stratégique.

Les responsables des services traduiront en programmes et en activités les apports de leurs secteurs en poussant le détail jusqu'à répartir leur budget en fonction de ces programmes et activités. Vous aurez vite compris que le rapport annuel découlant de cet exercice s'établira en fonction des contributions que chacun des services aura apportées à la réalisation de l'étape annuelle du plan municipal.

3.4.3 Les partenaires et la planification stratégique

Dans cette course à l'**obsession du citoyen**, les fonctionnaires municipaux sont les **piliers** sur lesquels la ville ou le village doit d'abord pouvoir compter pour réaliser ses objectifs. Mais la municipalité doit également être soutenue de l'extérieur dans l'exercice de son leadership. Les **partenaires** jouent, à ce titre, un rôle capital. Un partenariat peut s'établir avec toute organisation intéressée à travailler au développement d'une **vision commune** de ce que devrait devenir leur ville ou leur village. Cette vision partagée permettra de lier les efforts individuels dans la poursuite de buts communs et de développer ainsi des **synergies** importantes; cela permettra de réussir ensemble des projets qui seraient impossibles à réussir seul. Mais comment mettre en place un tel partenariat qui mobilise les énergies de chacun dans l'accomplissement du projet municipal?

La **concertation** semble être une voie très prometteuse pour gagner la course à l'**obsession du citoyen**. Pour Robert Schneider[26], consultant au Centre de recherche et d'intervention en gestion, la concertation se

---

26. Conférencier invité à la session de formation des coordonnateurs de projets VVS organisée par le Réseau québécois de Villes et Villages en santé, le 20 mai 1993.

définit comme étant « un regroupement volontaire d'acteurs autonomes qui œuvrent ensemble dans le but d'organiser, d'harmoniser leurs ressources, leurs priorités et leur fonctionnement afin d'obtenir des résultats concrets. »

Selon ce même auteur, il existerait six conditions essentielles à l'aboutissement des projets et cinq autres conditions dites avantageuses pouvant faciliter le partenariat lors de la mise en œuvre de projets de concertation. Ces conditions sont résumées aux tableaux 3 et 4.

TABLEAU 3
Conditions essentielles à la réussite du partenariat

PROJET	Il faut avoir un **projet concret** susceptible d'ajouter quelque chose, de créer quelque chose qui n'existe pas. C'est le principe de la **valeur ajoutée**, qui laisse place à l'initiative et aux nouvelles idées.
ACHARNEMENT	Il faut faire preuve d'une **détermination indéfectible**, car la concertation ne se fait pas de façon neutre : elle nécessite de l'**acharnement**.
GAINS	Il faut obtenir des **résultats** concrets, visibles, qui enrichissent le **bien-être municipal**. La logique doit être gagnante. C'est une équation où les acteurs doivent se sentir en équilibre entre ce qu'ils investissent et ce qu'ils vont en retirer.
CAPTIVITÉ	Il faut être **contraint** sans être étouffé. Il doit exister une forme de contrat tacite entre les parties, un contrat non rigide, reposant avant tout sur une **solidarité** entre les acteurs par rapport aux résultats à atteindre.
PETITS SUCCÈS	Il faut avoir des **cibles** concrètes, des résultats visibles que l'on est **sûr** d'atteindre.
PARTICIPATION DES CITOYENS	Il faut favoriser la **participation** des citoyens, surtout lors de la définition des besoins et de l'évaluation des résultats. C'est, selon Robert Schneider, une police d'assurance pour le succès de la démarche.

Tableau 4
Conditions avantageuses pour la concertation

DÉCIDEURS	Il faut privilégier la participation **d'acteurs** pouvant engager l'action concrètement, des personnes qui ont **l'autorité**.
SOUTIEN	Il faut pouvoir disposer d'un bon soutien **technique** (argent, café, salle de rencontres) et **cognitif** (informations).
REGROUPEMENTS NATURELS	Il faut cibler nos projets sur des territoires divisés **naturellement** plutôt que conceptuellement. Il s'agit de considérer la culture du milieu auquel les gens s'identifient en premier lieu, qu'il s'agisse de la municipalité dans son ensemble ou de certaines de ses parties constituant des regroupements naturels de population.
TOLÉRANCE À L'AMBIGUÏTÉ	Il faut que les acteurs impliqués aient un **haut** niveau de tolérance à l'ambiguïté, pour réussir à travailler et à développer une solidarité à l'horizontale, alors que le système exige habituellement que l'on rende les comptes à la verticale.
CALIBRAGE	Les projets de concertation évoluent généralement par cycles comprenant des temps morts et des périodes de crise. Il est alors important d'avoir un **bon dosage**, c'est-à-dire d'être capable de saisir ces différents cycles, de les accepter et de préciser une répartition des activités dans le temps qui minimise leur impact. Si malgré tout une crise survient, celle-ci doit pouvoir être perçue comme un mécanisme de régulation normal pour un tel type de projet et permettre de le relancer sur des bases plus solides.

Au cours du processus de planification stratégique, le **partenariat** est une avenue apportant des façons **nouvelles** et **différentes** de percevoir l'environnement. Il favorise le décloisonnement des esprits et l'apprentissage continu. Il est **source d'énergie** nouvelle pour la municipalité.

3.4.4 Les citoyens et la planification stratégique

Dans les faits, la participation des citoyens est essentielle tout au long de la démarche de planification stratégique. Du début à la fin, on doit en effet s'assurer que les objectifs à long terme de la municipalité sont encore consistants avec les désirs de ceux-ci. La participation des citoyens stimule l'émergence de nouvelles **idées** et crée un climat propice aux **initiatives**, à la **créativité** et à la **relance**. En offrant ses services, le citoyen se distingue du simple client qui lui, attend un service; il s'approprie le projet municipal et se met lui-même en situation de créer et d'innover. Mais comment cette participation peut-elle réussir à dynamiser le processus de planification stratégique?

Selon Christopher T. Bryant[27], la participation communautaire ne signifie pas que tout le monde ou que la majorité doit participer active- ment tout le temps; elle implique cependant l'existence continue d'un potentiel de participation. Pour vérifier l'existence d'un tel potentiel, les questions suivantes se posent.

a) Existe-t-il une réciprocité dans la communication de l'information entre le conseil et la communauté?

- L'information est-elle accessible par le biais d'un bulletin municipal?

- Les citoyens ont-ils accès à:

  - un numéro de téléphone pour les plaintes?

  - une fiche d'appréciation des services?

  - une boîte à suggestions?

  - un site Internet dynamique?

b) La population participe-t-elle à la définition de la vision et à la formulation des objectifs et des valeurs de la municipalité?

- Participe-t-elle aux choix des stratégies et à l'évaluation des actions entreprises?

- Les citoyens sont-ils présents sur les commissions ou comités consultatifs de la municipalité?

- Les citoyens participent-ils:

  - aux activités de loisir?

  - à la gestion des parcs?

  - à la surveillance de quartier?

---

27. Bryant, Christopher T. « La participation communautaire et le développement local/ La voie de l'avenir », *Les cahiers du développement local/Développer autrement*, vol. 1, n° 1, p. 5.

c) Quel est le niveau d'accessibilité aux instances locales?

- Est-ce que les heures de bureau satisfont d'abord les employés ou les citoyens?

- L'hôtel de ville est-il adapté aux différentes catégories de citoyens?

- Existe-t-il un comité d'accueil pour les nouveaux citoyens?

- Les outils de communication sont-ils accessibles à tous, sur le plan:

  – du langage utilisé dans les documents?

  – du style de communication?

  – de l'organisation des soirées d'information?

d) Les structures chargées de la planification et de la mise en œuvre des projets sont-elles vraiment responsables vis-à-vis de la population locale?

- Leur mandat a-t-il été bien défini?

- La forme des rapports qu'elles doivent produire et la façon de les diffuser ont-elles été précisées?

e) Jusqu'où va la participation?

- S'agit-il d'une participation directe aux initiatives et aux actions?

- A-t-on réussi à créer une base de leadership élargie?

- Les participants changent-ils souvent? Pourquoi?

- Existe-t-il une cohésion entre les participants?

- Chacun a-t-il vraiment sa place?

* * *

Bref, dans une telle démarche, les citoyens doivent pouvoir dire leur mot et s'impliquer afin que leur ville ou leur village soit à leur image. Ils doivent être en mesure d'exercer une certaine emprise sur la définition de leurs besoins actuels et futurs, sur la mise en place des services et équipements susceptibles de les satisfaire et sur le fonctionnement de ces services.

Finalement, pour une ville ou un village qui décide d'agir avec vision, la planification stratégique comporte de nombreux avantages. C'est un **outil précieux** qui, par une mécanique assez rigoureuse, lui permet de **découvrir** sa mission, de **cibler** ses objectifs et ses valeurs, d'**analyser** son environnement interne et externe, d'**encadrer** ses actions, de **préciser** ses moyens, d'**évaluer** ses résultats et d'**ajuster** ses interventions. Cependant, comme le mentionne si bien Guy Harvey:

> La planification stratégique ne fait pas le développement et en aucun cas ne pourra se substituer à la valeur des femmes et des hommes, à la compétence des décideurs, à la synergie des partenariats, à la capacité novatrice des entrepreneurs, à la générosité des bénévoles, à la fierté du travail bien fait, à l'attachement à son coin de pays[28].

Il ne faut donc surtout pas oublier que la planification stratégique est d'abord un moyen et non pas une fin en soi, la fin étant le **mieux-être** de la communauté.

3.5 EXPLOITER LES FORCES, CORRIGER LES FAIBLESSES, SAISIR LES OPPORTUNITÉS ET CONTOURNER LES MENACES

Une municipalité, à l'instar de toute autre institution, ne peut réaliser pleinement et efficacement sa mission et ses objectifs sans que ses décideurs et gestionnaires adoptent certaines attitudes dans leur façon d'assumer leurs responsabilités. Notre recherche à l'égard des principaux facteurs de succès d'entreprises œuvrant dans différents secteurs d'activités nous a permis de résumer à sept le nombre de ces attitudes[29], soit: développer une attitude de projet; développer une attitude de vigie; développer l'attitude de qualité totale; développer une attitude de mobilisation; rechercher la compétence; développer une attitude de flexibilité; favoriser la communication.

Au cours des pages suivantes, nous reprendrons chacune de ces attitudes dans le contexte de la gestion municipale. Nous examinerons des comportements qui sont de nature à rendre possible ce qui pouvait paraître irréalisable de prime abord, surtout si l'on a conservé l'habitude de reproduire d'année en année les activités traditionnelles d'une municipalité.

---

28. Harvey, Guy. «Planification stratégique», *Les cahiers du développement local/ Développer autrement*, vol. 1, n° 3, p. 2.

29. Notion développée par Hervé Sérieyx (consultant en management et en ressources humaines) et adaptée au contexte municipal par les auteurs.

FIGURE 4
Caractéristiques d'une municipalité gagnante

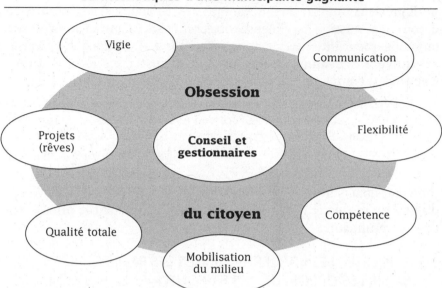

3.5.1 Premièrement, développer une attitude de projet

Peut-on définir plus simplement cette manière d'être que par l'expression suivante : «**Se doter d'une ambition**» ? Comme tout individu, une ville ou un village doit savoir ce qu'il veut devenir. Il faut se rappeler que la municipalité est avant tout un regroupement d'individus sur un territoire donné, qui doivent ensemble décider des besoins communs qui trouveront satisfaction à travers les services et les activités de celle-ci. Force nous est de constater que ces besoins évoluent avec le temps. La société est, depuis les dernières décennies, en constante mutation, ce qui a pour effet de rendre de plus en plus inefficaces les programmes mis en place par les gouvernements supérieurs. La municipalité, elle, est dotée d'une grande capacité d'adaptation. Sa proximité du citoyen place le gouvernement municipal en excellente position pour se préparer à satisfaire les besoins futurs de ses administrés. Le terme **projet** fait partie du vocabulaire politique local depuis belle lurette. Personne ne réussira à se faire élire sans présenter sa vision, son projet à l'égard de la gestion des destinées de sa municipalité. Le problème est qu'après l'élection, il est plus facile de se laisser submerger par les difficultés de la gestion quotidienne que de se maintenir dans cet esprit de planificateur, de visionnaire.

Plusieurs municipalités, au Québec aussi bien qu'ailleurs, semblent sombrer actuellement dans un marasme déconcertant. Pourtant, à côté d'elles, certaines autres paraissent dotées d'un dynamisme à toute épreuve. La différence réside souvent dans le fait que leurs conseils municipaux, soutenus par leurs fonctionnaires et par l'implication des entreprises et des citoyens, ont décidé de prendre leur avenir en mains. La question à laquelle ils tentent quotidiennement de répondre est sans doute la suivante : « **Que pouvons-nous faire ou entreprendre aujourd'hui pour que demain soit meilleur ?** » Ils ont compris qu'une ville ou un village sans projet est irrémédiablement condamné à une mort lente.

C'était le cas, à la fin des années 1980, de **Scotstown**, en Estrie, un village de moins de 700 habitants situé au pied du mont Mégantic. La population était en baisse, beaucoup de jeunes étaient partis, le village vieillissait. En 1989, une jeune mairesse, Chantal Ouellet, aidée par l'organisateur communautaire du CLSC Fleur-de-Lys, entreprenait d'en faire un village en santé. Ils voulaient redonner aux citoyens leur confiance dans l'avenir, réaliser des projets à la mesure de leurs besoins et de leurs moyens. Une consultation populaire permit d'établir des priorités : mettre en place des loisirs pour les jeunes, créer des logements pour les personnes âgées et les familles et, surtout, briser l'isolement du village.

Chantal Ouellet voulait plus que des projets, elle voulait des réalisations. Le comité **Scotstown en Santé** se mit donc au travail et très rapidement obtint de Bell Canada un lien direct avec la ville de Sherbrooke, sans frais d'interurbains, pour mettre fin à la situation d'isolement dans laquelle se trouvait Scotstown par rapport à la ville centre. Deux ans plus tard, le comité lançait le journal communautaire *L'événement de Scotstown-Hamden*, dans le but de renforcer le sentiment d'appartenance des citoyens. Aujourd'hui, le journal emploie quelque 40 bénévoles et est devenu un outil essentiel pour le développement de la communauté. Les jeunes, avec l'appui du conseil municipal, se sont dotés d'un lieu de rencontre ; pour financer leurs loisirs et acheter de l'équipement sportif, ils ont obtenu le contrat de balayage des rues du village. D'autres groupes se sont également organisés, comme ceux du comité des aînés, du réseau d'entraide et de la joujouthèque.

À l'instar de nombreux villages, Scotstown a failli perdre son bureau de poste. Cette interruption du service postal serait venue s'ajouter à l'absence d'institution financière ; en effet, la Caisse populaire (en 1981) et la succursale de la Banque de Commerce (en 1991) avaient mis la clé sous le paillasson. La menace de fermeture du bureau de poste en 1992 devenait en quelque sorte la goutte d'eau qui a fait déborder le vase. Pour pallier ces disparitions, le comité Scotstown en Santé, en collaboration avec les citoyens, élabora une solution simple et efficace: la création d'une coopérative de services, dans les domaines postal et bancaire. Postes Canada et les Caisses populaires Desjardins acceptèrent rapidement de participer à ce projet, ce qui permit aux organisateurs de procéder à une collecte de fonds auprès de la population. Quelques mois plus tard, Postes Canada changeait d'avis et décidait de maintenir son bureau ouvert. Les membres du conseil d'administration de la coopérative poursuivirent néanmoins le travail entrepris auprès des Caisses populaires et, en octobre 1994, on procédait à l'inauguration d'un nouveau comptoir de services bancaires à Scotstown. Les fonds recueillis par la constitution de la coopérative ont été confiés à un comité de développement local: ils permettront de réaliser des projets de développement du village, tout en améliorant la qualité de vie de ses citoyens.

La marque de commerce de Scotstown est sans nul doute l'ingéniosité des solutions apportées à des problèmes auxquels bien des villages du Québec doivent faire face. Avec peu de moyens financiers et techniques, mais avec beaucoup de cœur, de dynamisme et une part de rêve, les citoyens de Scotstown ont transformé le marasme dans lequel s'enfonçait leur village en un avenir plein de promesses. Les jeunes familles l'ont bien compris et elles reviennent s'installer à Scotstown pour profiter de cette qualité de vie.

Cette petite municipalité, comme plusieurs autres, s'alimente de projets intimement liés à la vie communautaire. La création d'emploi, la rénovation et la transformation de logements pour accommoder la population vieillissante, l'implantation d'une bibliothèque, la création ou l'amélioration des services offerts à la population, la mise en valeur des sites à caractère touristique, commercial ou industriel, la protection des éléments moteurs de la vie de quartier (école, bureau de poste, caisse populaire, marchand général, petits commerces de services) représentent les principaux thèmes autour desquels un conseil peut se permettre de faire des rêves réalisables. Par la suite, il s'agit de les concrétiser en leur conférant le statut de **projets**.

3.5.2 Deuxièmement, développer une attitude de vigie

Comme le guetteur à bord d'un navire, la municipalité doit surveiller pour voir ce qui se passe ailleurs et scruter ce qui s'en vient; car bien gérer, c'est savoir prévoir. En regardant autour d'elle, elle peut découvrir de nouvelles façons de faire auxquelles elle n'avait pas pensé ; elle s'offre ainsi un moyen de plus pour corriger ses faiblesses, tout en évitant d'investir inutilement de l'énergie à réinventer la roue.

Tous les membres de l'appareil municipal sont appelés à développer continuellement leur curiosité. Se nourrir de l'expérience des autres évite bien des déceptions. D'autres municipalités ont peut-être eu à affronter les mêmes difficultés que nous. Les solutions qu'elles ont imaginées ne sont peut-être pas si bêtes que ça, après tout... Les erreurs qu'elles ont commises sont peut-être évitables, si l'on y réfléchit un peu... En fouillant dans les banques d'informations de différentes associations, telles que l'Union des municipalités du Québec (UMQ), la Fédération québécoise des municipalités (FQM), le Réseau québécois de Villes et Villages en santé (RQVVS), l'Association des directeurs généraux des municipalités du Québec (ADGMQ), la Corporation des officiers municipaux agréés du Québec (COMAQ), la municipalité pourra profiter du savoir des autres dans la résolution de ses propres problèmes. Elle élargira ainsi ses connaissances au profit de son succès.

Outre la curiosité, la perspicacité est également une qualité qui devrait figurer au menu municipal. Comment exploiter cette perspicacité ? En exigeant, par exemple, la production d'un **rapport d'étonnement** par les membres de l'organisation, au retour d'une sortie. Ce rapport contiendra une description de toutes les choses qui ont surpris les participants au cours de leur voyage. Tout sujet peut faire l'objet d'observations : l'entretien des rues, le stationnement des autos, l'aménagement des parcs et des terrains privés, etc. Un tel exercice force les gens à s'ouvrir les yeux sur leur entourage et les stimule à être constamment à la recherche de nouvelles idées, de nouveaux projets et de nouvelles façons de faire. Par ailleurs, plusieurs élus et gestionnaires participent à des cours ou à des congrès dans l'exercice de leurs fonctions ; pourquoi ne pas tirer le meilleur profit de ce qu'ils y apprennent ? Un compte rendu de l'activité pourrait en effet permettre d'emmagasiner de l'information précieuse pour la réalisation du plein potentiel de notre municipalité. Avec ces types de rapports et les suggestions des citoyens, il devient possible de monter un petit répertoire de bonnes idées susceptibles de servir un jour. Une telle banque d'idées pourra notamment être fort utile en situation de crise, alors qu'une tension plus forte rend difficile un effort de créativité qui serait pourtant le bienvenu.

Finalement, **développer une attitude de vigie**, c'est aussi développer une approche positive face aux conditions changeantes de notre époque et s'organiser pour trouver les moyens qui nous permettront de progresser, même si on doit faire autrement.

Pintendre, voisine de la ville de Lévis, est un bel exemple d'une municipalité qui, à la fin des années 1980, a dû passer par la vigie pour réussir à se donner une nouvelle image. Submergée par plusieurs problèmes tels que la mauvaise répartition des charges municipales, le manque d'intérêt du conseil pour la protection de l'environnement et un développement mal planifié, la municipalité de Pintendre perdait de plus en plus de popularité et de dynamisme. Elle attirait de moins en moins de nouveaux citoyens. De plus, des controverses existaient à propos de certaines pratiques agricoles considérées par plusieurs habitants comme nuisibles pour l'environnement. Une confrontation s'installait entre les résidants du secteur agricole et ceux du village. Plus le temps avançait, plus on parlait fort dans la salle du Conseil. Ce dernier entreprit alors, dans le cadre de l'élaboration de son plan d'urbanisme, de rallier l'ensemble des citoyens, en leur garantissant, individuellement et collectivement, une perspective d'amélioration ou de maintien de leur qualité de vie. Cette démarche déboucha sur l'adoption d'un règlement régissant les pratiques agricoles. Bien sûr, cette décision ne fit pas l'affaire de tout le monde et donna lieu à des réactions négatives : on accusait le conseil municipal d'être intransigeant à l'égard des producteurs agricoles. Tout ce remue-ménage fut une mauvaise publicité pour Pintendre. Les gens n'avaient plus envie de venir s'installer dans ce village.

C'est alors que le Conseil décida **d'aller voir ailleurs** pour découvrir comment se sortir de cette impasse. Le mandat était clair : chacun des membres du conseil devait chercher un moyen de remédier à la situation. Chaque conseiller se mit à la recherche d'une idée, d'un projet qui redonnerait à Pintendre toute sa vitalité. Après de nombreuses fouilles, l'un d'eux dénicha le concept de « Ville en santé ».

À l'époque, une seule ville québécoise, Rouyn-Noranda, avait choisi de s'engager dans une telle démarche. Afin de bien saisir l'ensemble de cette approche, le Conseil municipal de Pintendre invita Denise Lavallée, coordonnatrice du projet de Rouyn-Noranda, pour une rencontre d'information. Cette rencontre convainquit toute l'équipe qui, non seulement résolut d'adhérer au concept de « Villes et Villages en santé », mais entreprit dans les mois qui suivirent une démarche très active.

Pintendre s'engagea d'abord à consulter sa population, en s'inspirant des outils développés à Rouyn-Noranda, tel le sondage auprès des enfants et la «fantaisie guidée[30]». Cette consultation populaire allait marquer le début d'une véritable prise en charge du milieu par les citoyens.

À partir des idées exprimées lors des ateliers de consultation, les citoyens priorisèrent des actions à court et à long terme et mirent sur pied, avec le soutien de la municipalité, cinq comités de travail, réunis autour des grands thèmes suivants:

- Implantation d'un service d'entraide afin de venir en aide aux personnes en difficulté;

- Promotion et création de loisirs culturels, collectifs et familiaux;

- Construction d'une école et d'une bibliothèque municipale;

- Élaboration de projets visant à la conservation d'un environnement sain;

- Aménagement global de parcs afin de les rendre accessibles, animés et vivants.

Comme par hasard, l'année suivante, l'image de Pintendre avait changé: on dénombrait la construction de 140 nouveaux logements. La publicité n'était plus la même: on parlait maintenant de «Pintendre, Ville en santé».

Une telle histoire nous montre bien que la communauté de Pintendre n'a pas eu peur **d'aller voir ailleurs**. Elle a remarquablement utilisé l'expérience d'une autre municipalité pour se revivifier. Sa curiosité et sa perspicacité lui ont permis de se reprendre en mains et de mobiliser ses forces vives pour repartir à neuf.

3.5.3 Troisièmement, développer l'attitude de qualité totale

De nos jours, rechercher la qualité totale est un défi que plusieurs municipalités mettent à leur programme. Cette philosophie de gestion vise à intégrer la qualité sous toutes les facettes de la gestion et à améliorer continuellement l'efficacité de la municipalité, tant dans ses activités que dans ses processus administratifs. Une préoccupation «qualité» dans une municipalité doit passer par une gestion soucieuse des économies potentielles à réaliser, tout en maintenant des services

---

30. Voir: http://www.rqvvs.qc.ca/pub/publications.asp

de qualité. Une ville ou un village qui développe une attitude de qualité totale place le citoyen avant toute chose.

Dans un tel esprit, la municipalité n'existe pas pour optimiser son fonctionnement interne, mais bien pour optimiser sa réponse aux besoins de ses clients-citoyens. Les services qu'elle développe doivent permettre de bien faire les choses utiles et seulement celles-là, c'est-à-dire de mieux faire ce qui doit être fait dans l'optique de la réalisation de la mission municipale.

Entre chacun des services municipaux, il doit également exister des relations de type clients/fournisseurs. Considérant que tous les services participent à la livraison du produit municipal, ils doivent se parler pour que le produit soit de qualité. De même, la municipalité qui donne à contrat certains travaux doit préciser dans ses devis les normes de qualité qu'elle exige de ses fournisseurs.

S'investir dans la qualité totale, c'est mettre en place une démarche d'amélioration continue de la performance. Comment y arriver? En s'attaquant aux processus, en mettant le cap sur les résultats et en responsabilisant chacun des membres de l'organisation municipale. La municipalité doit pouvoir se questionner sur l'utilité de chacune de ses activités afin d'en établir systématiquement la valeur ajoutée. De cette manière, elle sera en mesure d'éliminer toutes les activités qui ne sont que de vieilles habitudes et qui ne servent pas réellement sa mission. La poursuite d'une telle démarche passe également par une analyse sérieuse des plaintes, pour en trouver les causes et corriger les erreurs.

Donc, entreprendre une démarche de **qualité totale**, c'est plus que suivre une mode. C'est introduire une philosophie de gestion au sein de la municipalité par laquelle s'établit un nouveau partenariat entre les élus, les fonctionnaires et les citoyens.

La Ville de **Sherbrooke**, en Estrie, compte parmi celles qui ont entrepris une démarche vers la qualité totale. Elle a décidé d'adopter une approche d'amélioration continue dans la prestation de ses services. Elle s'est également associé tous les acteurs de son milieu, qu'il s'agisse des partenaires gouvernementaux, de ceux des secteurs de l'économie, de la santé, de l'éducation, de la vie communautaire ou encore des citoyens eux-mêmes.

Pour répondre aux vrais besoins, Sherbrooke a choisi d'adapter sa structure organisationnelle. En créant une **Direction générale adjointe à la population** (qui supervise des services comme la planification et les travaux publics, la police, la protection contre les incendies, les loisirs, la vie communautaire et Hydro-Sherbrooke), elle s'est donné un outil pour éviter certains dédoublements de fonctions, en regroupant sous un même responsable le personnel qui est en contact direct avec le citoyen-client.

Pour que la démarche de **qualité totale** traverse toute son organisation, Sherbrooke a également choisi de responsabiliser davantage son personnel, en s'assurant que chacun des employés comprenne bien les raisons de ses interventions et en encourageant les suggestions. Cette façon de faire permet à chacun de bien s'approprier les projets mis en place par la municipalité et d'effectuer tout ce qu'il faut pour les mener à terme.

Finalement, en innovant dans la prestation de certains de ses services, Sherbrooke a réussi à économiser des milliers de dollars. C'est le cas notamment de la collecte des ordures où, en fournissant des bacs roulants aux citoyens et en modifiant ses camions, elle a pu diminuer considérablement le temps requis pour cette activité.

Cette démarche vers la **qualité totale**, entreprise par la Ville de Sherbrooke, nécessite sans doute un effort constant de la part de ses décideurs et de ses employés. Elle lui vaut cependant une position de choix sur la route vers l'obsession du citoyen.

3.5.4 Quatrièmement, développer une attitude de mobilisation

La municipalité étant le palier gouvernemental le plus près du citoyen, elle peut plus facilement **mettre en action les forces vives de son milieu**, dans tous les domaines où elle est appelée à intervenir. En favorisant la participation communautaire, elle encouragera la créativité et les initiatives locales et élargira la base des ressources sur lesquelles elle peut compter.

Cette attitude de mobilisation doit aussi se ressentir au sein même de l'organisation municipale. La municipalité a intérêt à capitaliser sur la capacité d'engagement des hommes et des femmes qui sont à son service, de manière à mettre à profit l'intelligence de chacun. Poser des gestes simples comme serrer la main, féliciter, dire « bravo », permettent souvent d'obtenir la confiance d'un employé et de l'intéresser davantage à la cause municipale. Il faut savoir être à l'écoute des gens de l'organisation, valoriser les bons coups, tout en tolérant l'erreur. Car, si l'erreur est interdite, les gens auront peur et cela anéantira tout effort de créativité de leur part. Pour mobiliser les employés, on doit les convaincre de la nécessité qu'ils contribuent à la mission de la municipalité. On doit également leur permettre de penser à ce qu'ils feraient s'ils étaient le patron et leur donner la chance de s'exprimer et de s'impliquer.

Au Québec, certaines municipalités ont réussi à mobiliser leurs forces internes et externes pour réaliser leur rêve. La ville de **Rouyn-Noranda**, en Abitibi-Témiscamingue, fait partie de celles-là. Cette nouvelle municipalité, issue de la fusion en 1986 des villes de Rouyn et de Noranda a su relever tout un défi : **réinventer un sentiment d'appartenance**. À sa naissance, Rouyn-Noranda avait un bien triste bilan : ville éloignée, conditions économiques souvent difficiles, taux de chômage élevé chez les jeunes, taux de décrochage scolaire et taux de suicide élevés, haut niveau de pollution causée par les émissions toxiques des industries, contamination de certains sols et certains lacs… À première vue, rien pour faire rêver ! Sauf si notre milieu de vie nous tient à cœur. Voilà ce qui a motivé cette communauté à redonner une image plus saine à sa ville.

Tout a commencé lorsqu'un candidat au poste de conseiller municipal décida d'inclure le thème de la santé dans sa campagne électorale. En avril 1987, Rouyn-Noranda devenait la première ville en Amérique à s'engager résolument dans un projet de Ville en santé. Sa première démarche vers la santé passa par une consultation populaire de plus de 5 000 personnes qui lui permit de dégager cinq grands thèmes devant guider son développement futur. Ainsi, Rouyn-Noranda devait viser à devenir une **ville**

- vivifiante par son environnement;

- stimulante par ses aménagements;

- puissante par la force de sa communauté;

- riche par la diversité et l'accessibilité de ses ressources;

- et soutenante par la pertinence de ses services.

À la suite de cette consultation, le comité Ville en santé (formé de citoyens, de représentants de la municipalité et de représentants d'organismes publics), organisa un forum communautaire qui permit de prioriser six projets concrets; parmi ceux-ci on trouvait: la réduction des émissions de bioxyde de soufre (SO_2) par l'usine locale, la création d'un parc botanique, le développement de projets destinés aux adolescents et la mise en place d'un programme de recyclage des déchets. Grâce au succès de ce forum public, Rouyn-Noranda réussit à mobiliser plusieurs personnes, tant du côté des citoyens que chez ses partenaires institutionnels, qui tous acceptèrent rapidement de s'engager dans les projets retenus.

Le temps a passé, et aujourd'hui encore Rouyn-Noranda conserve la même attitude de mobilisation à l'égard de sa communauté. Ainsi, la bibliothèque municipale est maintenant gérée par un conseil d'administration formé de citoyens; cette stratégie originale lui permet d'opérer avec un budget de 350 000 $ au lieu de 600 000 $. Pour impliquer les jeunes dans les processus de décision, la Ville leur a réservé des sièges sur les conseils d'administration qui les concernent, tels ceux du hockey mineur, du tennis et du soccer. Du côté des aînés, le partenariat a également sa place: quand le Club de l'âge d'or a eu besoin d'un local pour ses activités, la Ville accepta de fournir 100 000 dollars en matériel, tandis que les aînés assumaient leur part, c'est-à-dire la main-d'œuvre du projet.

Finalement, on n'a pas oublié les personnes en difficultés, car elles aussi peuvent apporter beaucoup à la communauté quand on leur en donne la possibilité. Ainsi, les personnes purgeant des peines de travaux communautaires peuvent travailler à l'aréna municipal; les bénéficiaires de l'aide sociale sont invités à participer à la réalisation de certains projets et profitent alors d'une prime supplémentaire. Le parc botanique « À Fleur d'Eau », au lac Édouard, a d'ailleurs été réalisé en partie grâce à leur travail et le résultat est remarquable. En mobilisant ainsi les forces vives de son milieu, Rouyn-Noranda aura donc réussi à mettre en place des projets importants, et ce, même s'il n'y a plus d'argent neuf dans les caisses municipales.

3.5.5 Cinquièmement, rechercher la compétence

Il est maintenant reconnu que la compétence passe par la formation. Ainsi, il est important que les élus soient bien formés pour que le conseil municipal soit pleinement efficace. Étant donné la complexité de l'environnement dans lequel évolue la gestion municipale, les élus doivent d'abord être des **généralistes en organisation des milieux de vie**; ils doivent également être **visionnaires**. Une bonne formation devrait donc leur permettre de bien comprendre ces rôles afin qu'ils soient en mesure d'apporter la bonne contribution à leur municipalité.

Quant à la formation du personnel, elle est tout aussi importante pour assurer une amélioration constante de la performance municipale. La formation des employés devrait leur permettre de devenir de vrais spécialistes, car ce sont eux qui ont à gérer les détails, et ils doivent être en mesure de le faire adéquatement.

Comme l'entreprise privée, la municipalité a intérêt à investir dans la formation de ses élus et dans le perfectionnement de ses employés. C'est un placement à long terme qui peut faire toute la différence entre une municipalité gagnante ou perdante. La formation, pour une ville ou un village, c'est le carburant qui lui permet d'avancer, d'évoluer et de concrétiser ses rêves. Les gestionnaires responsables doivent donc être en mesure de percevoir les besoins de formation de tous... et d'y répondre.

Par ailleurs, la recherche de la compétence doit également se manifester dans le choix des partenaires et dans celui des fournisseurs de la municipalité, si celle-ci souhaite maintenir un niveau de qualité constant dans ses services. Elle doit donc apporter le plus grand soin à la préparation des ententes et des devis avec ses fournisseurs et elle ne doit pas hésiter à aller chercher de l'aide à l'extérieur de l'organisation, s'il s'y trouve des partenaires plus compétents pour répondre à un problème donné.

Le cas de **La Doré**, au Lac-Saint-Jean, village mono-industriel aux prises avec plusieurs problèmes socioéconomiques, est un bel exemple d'une municipalité qui a su s'entourer des compétences nécessaires pour stopper son dépérissement et entreprendre un nouveau développement. C'est en 1990 que cette petite municipalité prit vraiment conscience de ce qui lui arrivait: les jeunes quittaient le village et les plus vieux allaient retrouver leurs enfants dans les villes voisines. Elle décida alors d'organiser un **mini sommet économique**, en collaboration avec le comité d'aide au développement des collectivités. Cette activité provoqua un choc brutal chez plusieurs qui comprirent que l'heure était grave et qu'il était grand temps de faire quelque chose. Au printemps 1991, un **comité de suivi**, composé d'une vingtaine de bénévoles, était en mesure de présenter les grandes priorités susceptibles de relancer le milieu. Pour le comité, le développement de La Doré devait passer par une approche globale, touchant à la fois les aspects économique, culturel et sociocommunautaire du développement. Il recommandait également la création d'une corporation de développement local pour piloter l'ensemble de la démarche. La mise en place de ces recommandations allait permettre à La Doré de changer son histoire.

Au point de vue **économique**, La Doré jugea prioritaire de constituer un fonds d'investissement afin de relancer ses entreprises et d'en amener de nouvelles à s'installer au village. Grâce à la générosité de sa population, qui versa environ 40 000 dollars, et à divers programmes gouvernementaux, La Doré a pu gagner son pari et de nouvelles entreprises s'implantent graduellement sur son territoire. L'accent est mis particulièrement sur les projets de jeunes entrepreneurs.

Au point de vue **culturel**, La Doré avait beaucoup de potentiel peu exploité. Le premier projet retenu sous ce thème fut la restauration d'un vieux moulin à eau et du site environnant; cette réalisation aura permis à la communauté de La Doré de retrouver ses racines tout en se dotant d'une infrastructure touristique majeure, apte à influencer positivement le développement futur de la municipalité.

Au point de vue **sociocommunautaire**, le comité «qualité de vie» se donna comme priorité d'attirer un médecin et un pharmacien dans la communauté afin que la population bénéficie de services chez elle. À la fin de 1994, cet objectif était en bonne partie atteint, avec la présence d'un pharmacien trois jours par semaine et de fortes possibilités qu'un médecin s'y établisse bientôt.

La Doré n'a pas eu peur d'aller chercher des spécialistes du développement pour raffiner sa démarche. Elle a toutefois été très prudente dans ses choix. Hésitant à s'associer aux corporations des villes voisines, et par crainte de manquer de contrôle sur les processus de décision et de perdre des projets, elle a choisi de négocier une entente avec le commissariat industriel de Saint-Félicien pour un contrat d'une durée limitée et renouvelable. Cela lui permet d'avoir un agent de développement une journée par semaine dans son milieu et d'offrir un soutien précieux aux entreprises de son territoire.

3.5.6 Sixièmement, développer une attitude de flexibilité

Être capable de s'adapter facilement aux circonstances, **être capable de faire face à l'incertitude**, c'est le type de flexibilité que doivent rechercher les municipalités, surtout en cette période où elles se voient confier des responsabilités nouvelles. La flexibilité permet à la ville ou au village de conserver un esprit ouvert. Ce n'est pas parce qu'on fait les choses d'une telle façon aujourd'hui que cette méthode sera encore la bonne demain… alors que les conditions auront changé. Une municipalité devrait donc accepter de remettre en question ses structures ou ses méthodes si cela peut lui permettre de mieux gérer ses différents milieux de vie. Elle ne devrait toutefois pas choisir de tout faire elle-même. Être flexible, c'est aussi favoriser une certaine forme de **maillage** avec les fournisseurs, les partenaires ou même les concurrents. La possibilité de partager avec d'autres quelques responsabilités, simples ou complexes, devrait être envisagée lorsque cela peut servir la mission de la municipalité. Dans plusieurs cas, c'est une stratégie gagnante.

L'attitude de flexibilité devrait aussi se refléter au sein même du conseil municipal. Être flexible, c'est notamment favoriser une polyvalence des membres du conseil. Une même personne ne devrait pas être tenue d'avoir le même rôle dans un même comité tout au long de son mandat. Même si le fait de changer les rôles nécessite des énergies supplémentaires, une certaine rotation des membres des comités est susceptible d'apporter de la sève nouvelle à l'organisation. Une telle polyvalence devrait également se rencontrer aussi chez les employés de la municipalité. Il ne faudrait pas craindre de décloisonner les conventions et d'encourager des cheminements de carrière qui permettent aux employés d'exploiter pleinement leur potentiel par l'accomplissement de différentes activités.

Cette attitude de flexibilité est au cœur même du projet « Vivre Montréal en santé », démarré en mars 1990. Avec un bassin de population de plus d'un million d'habitants et un territoire présentant des disparités socioéconomiques importantes, Montréal a choisi de développer une approche par quartier pour mettre de l'avant son projet. Le quartier devenait ainsi un découpage pertinent au respect de la spécificité locale.

Avec une telle approche, la communauté de Montréal a été capable d'identifier ses besoins et de s'organiser pour trouver les moyens d'y répondre. C'est ainsi que dans les quartiers, les habitants et les organismes peuvent développer des actions favorables à une meilleure qualité de vie, dont: l'aménagement d'espaces verts, l'organisation de campagnes de propreté et de sécurité dans les parcs, la mise sur pied de lieux d'accueil et de référence pour les nouveaux arrivants, l'implantation de cuisines collectives, l'aménagement de locaux communautaires ou l'ouverture de Maisons de la famille.

3.5.7 Septièmement, favoriser la communication

La municipalité ne doit pas craindre de dire **qui elle est** et ce qu'elle veut faire, sans toutefois chercher à embellir sa situation réelle, car cela risquerait alors de provoquer de la méfiance de la part des citoyens, de briser le lien de communication avec eux et de remettre en question leur sentiment d'appartenance. Il est donc important de maintenir une vraie communication avec les citoyens :

– en structurant d'abord les communications municipales autour d'outils efficaces, tels que bulletins, bottins, affiches et autres ;

– en organisant bien la période de questions aux assemblées du conseil ;

– en recourant aux médias d'information ;

– en utilisant des techniques reconnues pour effectuer des sondages d'opinions et de besoins ;

– en favorisant les outils virtuels de communication (Internet).

Communiquer, c'est avant tout écouter, écouter ses citoyens, mais également ses employés. En écoutant les gens qui sont à l'intérieur de l'organisation, on réalisera souvent qu'ils ont de bonnes idées. Alors, pourquoi ne pas en favoriser l'expression par l'utilisation d'une boîte à suggestions ? Les employés méritent de se sentir à l'aise de donner leur opinion et ils ont aussi le droit d'être bien informés. Pour ce, il importe donc qu'une bonne communication existe autant à l'intérieur des services qu'entre ceux-ci.

Finalement, la communication se doit aussi d'être excellente entre les élus et les employés. Les élus doivent exprimer clairement leurs attentes et les employés doivent en retour communiquer comment les opérations se déroulent. Bref, favoriser une attitude de communication, c'est permettre que **l'information circule librement** dans l'organisation et vers l'extérieur.

Par exemple, la Ville de **Blainville** dans les Laurentides, en collaboration avec la commission scolaire et la caisse populaire de l'endroit, publiait en 1991 sept brochures d'information destinées aux élèves de l'élémentaire. Sous le thème « Connais ta ville », ces brochures ont pour but de permettre aux enfants de Blainville de mieux connaître leur milieu de vie, de s'initier à leur rôle de citoyen et de développer un sentiment d'appartenance à leur ville. Adaptées à chaque degré scolaire, elles sont utilisées à l'intérieur de la programmation scolaire normale dans les cours de sciences humaines. Ce projet permet à la municipalité de Blainville de communiquer avec ses jeunes citoyens d'une manière simple et stimulante.

La Municipalité de **Loretteville**, dans la région de Québec, a elle aussi décidé de communiquer avec ses jeunes. Pour ce faire, elle a organisé une journée « Portes ouvertes » à leur intention, afin de leur permettre de mieux connaître le fonctionnement de leur municipalité. Plusieurs activités étaient prévues : tour guidé de la ville, visite de la piscine et de la salle de quilles, visite des kiosques des services municipaux à l'aréna, pièce de théâtre et simulation d'une séance du conseil municipal. Organiser une telle journée, c'est favoriser une attitude de communication avec les jeunes, c'est ouvrir un dialogue avec eux.

Quant à la Ville de **Rimouski**, dans la région du Bas-Saint-Laurent, elle a développé une manière douce de communiquer avec les usagers de la route. Elle a mis au point un **billet de courtoisie** dans le but de développer un comportement plus responsable chez les piétons, les cyclistes et les automobilistes. Ce billet est utilisé à des fins d'éducation et de sensibilisation au respect des règles de sécurité routière et fait appel au sens civique du citoyen. L'émission d'un tel billet vise à responsabiliser ce dernier face à l'infraction qu'il a commise, sans la réprobation et la sanction d'un billet d'infraction. Cette approche peut s'appliquer à plusieurs domaines : port de la ceinture de sécurité, rappel des règles de prudence et de sécurité pour les piétons et les cyclistes, protection de l'environnement, protection de la personne, sensibilisation des mineurs à leurs responsabilités de citoyen. Il s'agit là d'une façon tout à fait originale de rappeler les citoyens à l'ordre sans trop les frustrer.

Rimouski a également mis de l'avant une formule tout aussi novatrice pour rejoindre ses jeunes : elle a choisi d'aller les trouver là où ils sont, en aménageant un véhicule motorisé à cette fin. Concrétisation du rêve du constable J.-Grégoire Mercier, policier éducateur au service de la ville depuis près de 30 ans, la réalisation de cette unité mobile de prévention, à partir d'un vieil autobus scolaire, est devenue possible grâce à la participation de plusieurs partenaires : gens d'affaires, clubs sociaux, certains ministères, la commission scolaire et la ville. Que ce soit par le don de matériel, le prêt de personnel, le soutien technique, administratif et financier et l'apport d'idées et d'enthousiasme, chacun a apporté son appui selon ses capacités.

Ce concept se voulait avant tout adapté à la population rimouskoise et non au service policier. En parcourant le territoire de Rimouski, l'unité mobile accueille un public varié : les enfants en garderie, les élèves du primaire et du secondaire, certains groupes d'adolescents, les étudiants du Cégep et de l'Université, les clubs de service, les commerçants et les personnes âgées. Son principal objectif : réussir à enrayer la criminalité, la violence, le vandalisme et la consommation de drogues chez les jeunes, en abordant des thèmes comme la santé et la sécurité, la sexualité, la vie en société, la consommation, les drogues et la violence.

Bref, cet outil est idéal pour la ville, car il lui permet, *via* son service policier, de participer à l'éducation et à la prévention chez les jeunes, et ce, dans un langage qu'ils comprennent.

* * *

Ces quelques exemples permettent de constater que **communiquer** veut dire bien plus que parler : communiquer, c'est aussi **écouter l'autre** et réussir à le rejoindre afin de le comprendre.

Finalement, une municipalité qui développe ces quelques attitudes à l'égard de sa gestion fait un pas de plus dans sa course à **l'obsession du citoyen**. En gardant ses yeux ouverts sur la réalité, elle prend un excellent moyen pour réussir à exploiter ses forces, corriger ses faiblesses afin de saisir les opportunités et de contourner les menaces.

CHAPITRE 4

Les finances municipales…
clé de voûte des stratégies

Une saine gestion des ressources étant garante d'une plus grande équité dans le partage des coûts entre les citoyens et entre les générations, le présent guide ne saurait être complet sans qu'on y traite de gestion financière. Par ailleurs, rares sont les projets qui ne requerront aucun investissement de fonds de la part de la communauté. La gestion d'un milieu de vie doit principalement tirer ses ressources financières, humaines et matérielles de la **communauté** et de ses composantes, **y compris de la municipalité**, si l'on veut que toute la synergie disponible se mette en branle. Dans un tel scénario, le conseil municipal doit agir comme metteur en scène; il doit canaliser les énergies et les ressources et s'assurer continuellement que l'on garde le cap sur la mission municipale.

Dans ce chapitre, nous passerons en revue certains éléments de gestion financière susceptibles d'influencer positivement la santé financière d'une ville ou d'un village.

4.1 LE BUDGET, UN OUTIL MAJEUR

En cette période de restructuration financière que nous connaissons aujourd'hui, le budget est un outil utilisé à toutes les sauces et dans tous les contextes:

- Les GESTIONNAIRES ET DIRIGEANTS D'ENTREPRISES s'en servent pour accepter ou refuser un projet ou une dépense;

- Les ÉLUS DE TOUS LES PALIERS y font référence pour résoudre tel ou tel problème ou réaliser telle ou telle promesse électorale;

- Les MINISTRES DES FINANCES profitent de la présentation de leur budget annuel pour étrenner de nouvelles chaussures!

Nous pourrions citer ainsi des dizaines d'utilisations différentes du mot «budget», qui toutes sont reliées à un concept de plus en plus difficile à traduire dans le concret.

Toutefois, le passage du rêve à la réalité obligera les décideurs locaux à intégrer le processus budgétaire dans les transformations qu'ils veulent prescrire à l'appareil municipal. Cet outil de gestion deviendra donc **un plan financier,** précisant la structure de tous les programmes et de toutes les opérations de la municipalité.

Il est nécessaire, pour que cela puisse fonctionner, d'aborder le budget comme un ensemble d'activités reliées entre elles, menées dans le seul but de concrétiser la mission et les objectifs du plan stratégique. L'expression «**penser globalement, agir localement**» illustre bien une telle approche budgétaire. Tous les choix budgétaires sont ainsi effectués en tenant compte d'un ensemble d'aspects, qui peuvent toutefois être différents d'une municipalité à l'autre, chacune ayant à faire des choix qui correspondent à son propre environnement interne et externe. On parle alors du fondement des choix budgétaires, tel qu'illustré à la figure suivante.

FIGURE 5

Les éléments constituant le fondement des choix budgétaires

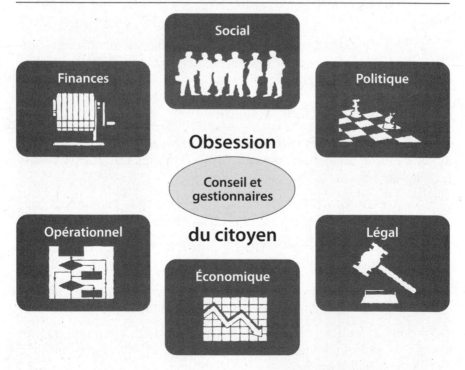

Une bonne connaissance de sa municipalité et de son environnement peut permettre au décideur de prendre des décisions éclairées. Il est donc nécessaire qu'une documentation lui soit accessible concernant les différents éléments constituant le fondement des choix budgétaires. Nous décrirons sommairement le contenu que pourrait prendre la documentation requise pour chacun de ces éléments.

L'aspect des finances

La documentation à cet égard devrait comprendre des données relatives à la situation financière de la municipalité : taux d'endettement, richesse foncière, engagements financiers déjà contractés, état des surplus et des réserves, taux de dépenses *per capita*. Devrait s'ajouter à ces données un ensemble de ratios et d'analyses de tendances portant sur les années antérieures et futures.

L'aspect social

Les informations relatives à cet aspect sont celles qui concernent la composition de la population : moyenne d'âge, groupes ethniques représentés, niveau de scolarité, groupes à risque, état du logement, ainsi que les analyses concernant les tendances et les projections futures.

L'aspect économique

La structure de l'économie locale et régionale doit être documentée, afin de s'assurer qu'élus et fonctionnaires saisissent bien dans quelle situation vit la population. Les questions à se poser touchent le nombre d'emplois disponibles sur le territoire, les différentes catégories d'emplois, la situation financière des employeurs, la situation des marchés dans lesquels interviennent les entreprises du milieu, les perspectives du développement économique, local et régional ; il ne faut pas oublier l'influence potentielle de la mondialisation de l'économie.

L'aspect opérationnel

Il s'agit ici de connaître l'organisation municipale et sa capacité de se charger de la mise en œuvre des différents programmes faisant partie de la mission. Les informations sur la structure administrative, sur le personnel, sa formation, ses connaissances et habiletés, sur les entreprises et sur les organismes partenaires sont pertinentes à ce chapitre.

L'aspect légal

La gestion municipale prend place dans un environnement légal particulier. L'information sur la réglementation relative à la gestion de la dette, des achats et des contrats, sans oublier celle sur les obligations d'équilibrer le budget, doit être disponible à tout moment pour que les décideurs n'outrepassent pas ces règles de saine gestion.

L'aspect politique

Les choix du conseil doivent finalement tenir compte des engagements électoraux et de l'action plus ou moins organisée des groupes de pression agissant dans la localité ou dans la région. Une description de ces groupes et de leurs préoccupations est de nature à placer les décideurs en situation proactive. Les méthodes utilisées pour informer les citoyens ou pour sonder leur opinion font également partie de cet aspect.

4.2 UN MODÈLE STRATÉGIQUE

Le processus devant conduire à l'adoption du budget étant étroitement relié au processus de planification stratégique dans son ensemble, on pourra choisir une démarche similaire à celle décrite au chapitre précédent, afin de bien situer le cadre dans lequel se réalisera le budget et d'arriver ainsi aux meilleures décisions possible. Les principales étapes d'une telle démarche sont décrites au tableau 5.

TABLEAU 5
Principales étapes d'élaboration d'un budget stratégique

A. Détermination de la **nature** de l'activité ou du programme

B. Définition de la **clientèle** visée

C. Identification de **l'objectif** auquel il contribue

D. Définition du **mode** de réalisation (faire, faire-faire, faire-avec)

E. Description des **éléments** le composant (nature, coûts, unités de mesure)

F. Identification du mode de **financement** (taxes, tarifs, affectations, autres...)

G. Détermination des mécanismes et critères d'évaluation de la démarche

Vous en conviendrez, les discussions menant à l'adoption d'un budget à partir d'une telle approche devraient être beaucoup plus intéressantes et animées que celles expérimentées dans un contexte de reconduction des données de l'année précédente, auxquelles on ajoute ou retranche simplement un certain pourcentage. Évidemment, il faut y mettre plus d'énergie, car tous ceux qui participent à l'élaboration d'un tel budget doivent se convaincre de la pertinence de chacune des activités, de la contribution qu'elles apportent à la réalisation de la mission de la municipalité; ils doivent aussi s'entendre sur la méthode de mise en œuvre la plus efficace et la plus économe, sans oublier la façon dont on pourra en mesurer le degré de réalisation et d'atteinte des objectifs.

Bref, il est primordial pour une saine gestion que les décideurs comprennent clairement le contexte dans lequel ils affectent les deniers qu'ils tirent des goussets de leurs administrés. Afin de pouvoir utiliser adéquatement cet outil de gestion que représente le **budget stratégique**, ils peuvent également recourir à des moyens simples comme:

- l'accès à de l'équipement informatique peu dispendieux et très performant;
- une formation technique pour certains fonctionnaires;
- un effort marqué pour la communication des décisions;
- l'évaluation systématique et périodique des résultats.

Finalement, il ne faudrait pas voir le recours à la planification budgétaire stratégique comme étant réservé aux seules grandes organisations municipales; au contraire, plus les ressources sont limitées et plus son utilisation apparaît justifiable comme outil pouvant permettre l'amélioration globale de la santé financière d'une municipalité, dont la mission est de répondre avec équité et efficacité aux besoins de sa population.

4.3 LE DÉGAGEMENT DE MARGES DE MANŒUVRE PAR LE FINANCEMENT PLANIFIÉ

Un secteur majeur d'intervention pour le gestionnaire municipal est sans contredit celui du financement des immobilisations et des projets municipaux. La planification du remboursement de la dette a un effet direct sur les taxes et sur les tarifs, car elle nécessite pour plusieurs municipalités l'affectation d'une proportion importante des efforts budgétaires. Pour n'en citer qu'un exemple, la **Municipalité de Pintendre** a dû faire face à des remboursements annuels représentant plus de 50 % de son budget total, à l'époque de la mise en place de son projet de **Ville en santé**. C'est donc à cette problématique que les élus du temps se sont attaqués avec toute la fermeté de rigueur, puisque cette situation rendait impossible la mise en œuvre de tout projet visant l'amélioration des services et de la qualité de vie.

Les outils traditionnels, tels les programmes d'immobilisation et les plans directeurs, utilisés pour les fonctions les plus importantes, sont des plus utiles pour gérer avec efficacité les finances municipales. La même attitude que celle proposée pour l'analyse du budget global peut par ailleurs s'appliquer à la prise de décision en matière d'investissements à long terme. Ainsi, avant de prendre la décision définitive d'investir dans un projet ou un actif d'importance, il importe de bien cerner l'environnement dans lequel se prend cette décision. Une étude de faisabilité menée de façon systématique permettra de préciser cet environnement. De même, dans le but d'estimer le plus précisément possible l'impact d'une telle décision sur les contribuables, on pourra recourir à des projections sur 5, 10 ou 15 ans dans le but de bien en quantifier les effets dans le temps. Bien qu'une période d'environ cinq ans puisse paraître raisonnable et surtout plus facile d'estimation à cet égard, certaines administrations locales américaines ont poussé l'exercice jusqu'à dix ans, sacrifiant la précision du détail à une perspective plus étalée de l'impact probable d'une décision importante.

4.4 LE CYCLE BUDGÉTAIRE ANNUEL, UNE RÉALITÉ INCONTOURNABLE

Au-delà de cette nécessité de planifier à moyen et long terme l'impact des décisions de la municipalité, celle-ci est également tenue d'opérer sur une base annuelle et de respecter des échéances précises pour l'adoption de son budget, d'où l'existence de ce qu'il est convenu d'appeler le cycle budgétaire annuel d'une municipalité. Afin de fournir au lecteur le plus grand nombre d'outils pratiques, nous reproduisons ici un instrument utilisé depuis plusieurs années pour la formation des élus de petites municipalités. Il s'agit d'un modèle[31] qui illustre le processus annuel de prise de décision et qui tient compte des grands éléments de la gestion municipale.

Ce qui caractérise plus particulièrement cette illustration est son adaptation à la gestion et à la prise de décision dans un environnement municipal. Dans le cercle extérieur, on retrouve toute la marche à suivre pour prendre une décision éclairée à l'égard d'un projet ou d'un investissement. Le premier cercle intérieur établit un lien direct entre la

---

31. UMRCQ. *La gestion financière des municipalités*, p. 121.

démarche de prise de décision et le processus budgétaire. Une référence aux différentes périodes de l'année sert enfin à situer dans le temps les phases de la gestion budgétaire, en faisant le lien également avec les grandes étapes de la prise de décision (préparation, prise de décision, exécution et évaluation de la décision).

Lorsque la décision d'investir est prise, le gestionnaire doit mettre en branle tous les mécanismes permettant la réalisation du projet, dans un contexte de **qualité**, d'**économie** et d'**efficacité**. Le choix des intervenants, des matériaux et le contrôle des étapes de réalisation nécessiteront la même attention que celle requise pour la gestion du budget. Bien que certaines contraintes légales forcent les municipalités à recourir à l'entreprise offrant le prix le plus bas, il faut de toute évidence éviter de se satisfaire de la médiocrité ou de la mauvaise qualité.

FIGURE 6

Cycle budgétaire: modèle pour la prise de décision

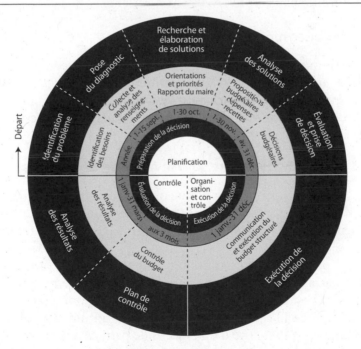

Un moyen de bien gérer ce défi consiste en la préparation de plans et devis clairs et précis, car une ville **en santé** se définit aussi comme un organisme qui peut compter sur des équipements, des immeubles et des réseaux fiables et de bonne qualité, répondant entièrement aux besoins de sa population qui en assume les coûts. Cette réflexion nous amène naturellement à aborder le prochain sujet, la fiscalité; celle-ci fait partie intégrante d'une stratégie de gestion applicable à une communauté qui valorise la qualité de vie.

4.5 FISCALITÉ MUNICIPALE, INSTRUMENT D'ÉQUITÉ ET D'EFFICACITÉ

Même si, à première vue, il peut paraître utopique de penser qu'un citoyen puisse trouver satisfaction dans quelque forme de taxe que ce soit, la recherche de la satisfaction de ce dernier doit demeurer un objectif de la municipalité, même en fiscalité. Aussi, lorsqu'il s'agit de partage des coûts, il est important que les gestionnaires s'assurent d'être équitables et que les outils mis en place soient de nature à éviter tout déséquilibre entre citoyens, groupes de citoyens ou usagers des services municipaux.

4.5.1 Quelques moyens de financement

La fiscalité municipale, telle que nous l'entendons, comprend toutes les formes de répartition des charges municipales entre les membres de la communauté et les autres partenaires consommateurs, pour qui les services ont été mis en place: les taxes foncières, les taxes spéciales, les tarifs, les droits, les quotes-parts, les prix unitaires.

Les taxes foncières: une source majeure de recettes

Tous les administrateurs du domaine municipal sont très familiers avec cet outil que représentent les taxes foncières. Bien que la neutralité de cet instrument fiscal ait été une de ses principales caractéristiques de départ, l'élargissement progressif des champs de juridiction des municipalités a eu pour effet d'y introduire une part de plus en plus importante de partage de la richesse entre les citoyens. Le principal levier fiscal auquel ces taxes font appel, la valeur foncière, présente cependant certaines limites à l'égard de sa capacité de fournir un véhicule efficace et équitable dans l'atteinte d'un objectif de partage de la richesse.

Dans ce contexte, la diversité de la richesse foncière de la municipalité, c'est-à-dire la proportion du rôle d'évaluation composée d'immeubles résidentiels, non résidentiels, commerciaux, agricoles, institutionnels, gouvernementaux et industriels doit exercer une influence majeure sur la décision à prendre quant à l'ampleur du recours aux taxes foncières pour le partage des coûts des services. Plus la richesse foncière est composée en forte proportion de valeurs résidentielles et plus, croyons-nous, le conseil devrait recourir à une grande diversité d'outils fiscaux, ne se servant des taxes foncières que pour les coûts ne pouvant légalement ou efficacement être répartis autrement; ceux-ci comprennent notamment:

- les coûts de fonctionnement du Conseil;

- l'administration générale;

- la sécurité publique (police et incendie);

- et tous les autres services pour lesquels un autre mode de financement pourrait nuire à l'objectif de partage de la richesse recherché par la municipalité (exemple: réduction du vandalisme par l'organisation d'activités pour les jeunes).

Ce dernier élément nous amène à rappeler qu'en matière de fiscalité, comme pour les autres fonctions municipales, toute décision devrait être précédée d'une réflexion, dans le but de s'assurer que la stratégie choisie n'éloigne pas la municipalité de sa mission. En effet, s'il est un domaine où il est nécessaire pour une ville ou un village de se laisser guider par sa mission, c'est bien celui de la fiscalité.

La tarification, ses effets et ses limites

Les limites de la taxe sur la valeur foncière et la multiplication du nombre de produits et de services offerts à une variété grandissante de consommateurs incitent aujourd'hui plusieurs municipalités à développer de nouveaux outils pour le partage des coûts. Bien qu'encore peu utilisée, la tarification des services peut avoir des répercussions très positives sur la santé financière des administrations locales. C'est le principe de **l'utilisateur-payeur**: plus on consomme, plus on paye...

L'application de ce principe à la distribution de l'eau potable a permis à plusieurs municipalités, dont celle du **Canton d'Orford** en Estrie, de protéger la ressource tout en retardant, voire en éliminant la nécessité d'investir des sommes considérables dans de nouvelles installations de production. Des études ont en effet démontré qu'une réduction de la consommation de près de 30 % résulte de l'installation de compteurs permettant de tarifer la consommation de l'eau.

Tout système de tarification devrait reposer sur une méthode efficace et équitable de comptabilisation des coûts et de lecture des consommations. Une municipalité soucieuse de sa santé devrait donc s'intéresser de près aux pratiques comptables servant à établir les coûts unitaires, ainsi qu'aux outils de mesure à utiliser. La précision et la facilité de mise en œuvre sont des vertus à rechercher dans ce domaine. De même, les habiletés de gestion disponibles au sein de l'organisation ainsi que la complexité des problèmes à résoudre devraient être prises en compte dans le choix de la méthode à utiliser.

De simples exemples sont très éloquents sur la diversité des approches possibles en matière de tarification.

Pintendre a mis en place un système de tarification de la collecte et du traitement des ordures basé simplement sur le nombre de bacs roulants nécessaires hebdomadairement à chacune des familles ou des entreprises de son territoire.

Mirabel, dans les Laurentides, mesure la charge polluante des eaux usées produites par les entreprises en exploitation dans la municipalité, pour en répartir le coût de traitement.

De plus en plus de **municipalités** émettent des cartes familiales d'abonnement, donnant accès à leurs équipements ou activités de loisirs moyennant des tarifs spécifiques.

En fait, on peut trouver au principe de la tarification de nombreux avantages. Ainsi, elle permet de :

- relier la consommation des biens et services à la participation des consommateurs au financement de la production ;
- maintenir une plus grande équité entre les différents groupes formant la population (personnes seules, jeunes familles, couples à la retraite, locataires, propriétaires et autres) ;
- rendre le citoyen conscient des coûts des services qu'il consomme et décourager le gaspillage et l'abus ;
- éliminer les périodes de pointe dans la demande ;
- contrôler la consommation de certains services en vue de protéger la ressource, d'optimiser l'amortissement des infrastructures et d'en retarder le renouvellement ;
- mettre en application le principe du pollueur-payeur.

Donc la tarification[32], définie comme un mode de prélèvement visant à faire payer les utilisateurs de services en fonction de la quantité consommée et du coût de production, constitue une avenue intéressante dans la mesure où elle procure un meilleur contrôle de la demande, une réduction du gaspillage, une meilleure transparence administrative et une plus grande équité sur le plan fiscal. Largement sous-utilisé par les municipalités locales (moins de 13 % de leurs recettes totales en 1992), ce mode de financement peut pourtant s'appliquer à un grand nombre d'activités. Il se heurte toutefois à différents obstacles, dont la nécessité de bien évaluer les coûts reliés à une activité donnée, les coûts de mise en place et de gestion du système, qui peuvent parfois excéder les avantages à en retirer, et enfin, la dimension politique reliée à la visibilité de la mesure et à la réaction possible des citoyens.

4.5.2 Les nouvelles responsabilités et la fiscalité

La prise en charge par les municipalités de responsabilités antérieurement dévolues aux gouvernements supérieurs devrait s'accompagner d'une remise en question des instruments traditionnels de taxation. Plus on voudra se tourner vers le gouvernement local, à cause de sa proximité du citoyen et de son efficacité à s'organiser et à mobiliser les forces vives du milieu, plus il faudra lui consentir des sources de revenus qui se rapprochent de la redistribution des richesses. En voici trois exemples.

Des points d'impôt sur le revenu...

Pour aider la municipalité à prendre en charge la gestion d'éléments faisant partie de la sécurité sociale, tels que le logement social, l'entretien de certaines composantes du réseau de la santé et de l'éducation, etc.

Une partie de la taxe de vente...

Pour soutenir l'implication municipale dans le développement économique, par le financement d'équipements et d'instruments pouvant appuyer les entrepreneurs locaux, dont les parcs industriels et technologiques, les motels industriels et commerciaux, les corporations de développement, les SOLIDE (Sociétés locales d'investissement dans le développement de l'emploi) et les fonds locaux de capitaux. Le pacte fiscal a marqué le début de ce type de transfert vers les municipalités.

---

32. Raymond Chabot Martin Paré. *La tarification des services municipaux.*

Une partie des droits d'immatriculation des véhicules et des permis de conduire...

Pour pourvoir au financement des infrastructures routières et des stationnements ainsi qu'à l'entretien du réseau routier. Les municipalités du Québec ont déjà accès à ces sources de revenus pour le financement partiel de leurs réseaux de transport en commun.

★ ★ ★

Ces suggestions n'ont évidemment pas la prétention de représenter les seules options possibles en ce qui concerne les sources de revenus et les usages pouvant en être faits. Toutefois, il serait salutaire de toujours pouvoir faire un certain lien entre les recettes financières et leurs usages, afin de permettre au citoyen de comprendre plus facilement l'impact sur son portefeuille des services qui lui sont fournis par son gouvernement local.

Pour les mêmes raisons, nous préconisons également l'utilisation de la taxation dédiée en fiscalité municipale, c'est-à-dire l'identification systématique des fins pour lesquelles les taxes sont prélevées. Cette façon de gérer exige beaucoup de transparence, évite les déficits et interpelle constamment le citoyen.

4.5.3 Autres perspectives d'avenir

Au-delà du contexte de l'acquisition possible de nouvelles responsabilités par les municipalités, celles-ci pourraient dès aujourd'hui envisager de nouvelles options pour répartir différemment leurs charges sociales.

Les redevances de développement[33] constituent l'une de ces options développées pour le financement de nouveaux projets résidentiels. Utilisées tant aux États-Unis qu'au Canada, et notamment en Ontario où 400 municipalités y ont recours, elles consistent en un montant qu'un gouvernement local prélève d'un promoteur immobilier afin de financer le coût en capital des infrastructures que demande tout nouveau développement. Contrairement à la taxe foncière, les redevances servent à financer une dépense spécifique et peuvent être utiles, dans certaines conditions, pour orienter le développement et contrer l'étalement urbain.

---

33. Raymond Chabot Martin Paré (1993). *Étude sur les redevances de développement.*

Cela dit, le montant de la redevance à payer peut varier considérablement selon la définition des infrastructures prises en compte dans le calcul[34]. La redevance peut ainsi inclure non seulement les infrastructures de viabilité, tels les routes et les réseaux d'aqueduc et d'égout, mais également les équipements reliés à la sécurité publique, au loisir, à la culture, à la santé et à l'éducation. L'un des grands avantages des redevances de développement est qu'elles permettent de refléter le véritable coût des choix résidentiels, tout en demeurant administrativement efficaces.

Le « *Tax Base Sharing* »[35], quant à lui, est essentiellement un mécanisme de partage régional de la croissance de l'assiette fiscale entre les municipalités d'une même agglomération ou d'une même région, dans le but de pallier les lacunes de la taxation foncière et de favoriser une meilleure équité fiscale entre les municipalités. Ce mécanisme vise en outre à limiter la concurrence intermunicipale et à développer la solidarité régionale en généralisant l'accès aux ressources fiscales. Si l'expérience américaine du « *Tax Base Sharing* » ne fait pas l'unanimité quant à l'efficacité de la formule, ce mécanisme de péréquation semble néanmoins permettre, sous certaines conditions, une redistribution partielle de la richesse foncière des municipalités mieux nanties vers les municipalités moins favorisées, une meilleure équité fiscale entre les contribuables ainsi que l'allégement du fardeau fiscal des villes centres.

* * *

Finalement, une ville ou un village soucieux de mettre en place un système fiscal équitable et efficace devrait choisir les méthodes de financement répondant le mieux à sa réalité. Cette réalité, qui évoluera au fil du temps, influencera aussi l'organisation des milieux de vie qui sont offerts aux citoyens.

Aussi, afin d'approfondir les différents éléments de ce thème et d'apporter une vision complémentaire à l'urbanisme dans ses aspects économiques plus difficiles, nous avons invité monsieur François Des Rosiers, économiste urbaniste, professeur titulaire à l'Université Laval, à nous transmettre ses connaissances dans le chapitre suivant.

---

34. Selon une enquête réalisée en 1990 dans 40 villes américaines, les redevances s'échelonnaient de 2 069 à 17 033 dollars.

35. Collin, Jean-Pierre et Chantal Beaudoin. *Une proposition de partage régional de la croissance de l'assiette fiscale (Tax Base Sharing) pour Montréal et sa région*, 54 p.

CHAPITRE 5

L'organisation des milieux de vie

François Des Rosiers

5.1 AMÉNAGEMENT DES QUARTIERS, QUALITÉ DE VIE ET PLANIFICATION URBAINE : CHOIX INDIVIDUELS, ENJEUX COLLECTIFS

Faut-il le rappeler, le bien-être des citoyens doit toujours demeurer la priorité première des administrations locales. Ce principe, qui concerne l'ensemble des activités d'une municipalité, s'applique donc également à l'élaboration des politiques, programmes et interventions touchant le cadre bâti urbain, et partant, le vécu quotidien des citoyens.

En ce sens, il est primordial de souligner que l'organisation des milieux de vie, par exemple les quartiers, qui constituent la trame la plus immédiate à laquelle se réfèrent dans leur quotidien les résidants des villes et des villages, n'est pas indépendante des grandes actions de planification urbaine et d'aménagement du territoire qui affectent la municipalité tout entière, l'agglomération ou la région. En fait, les décisions à caractère plus global, qu'elles concernent

- la planification du réseau routier (implantation d'une autoroute ou d'une voie rapide) ou du transport en commun ;

- l'utilisation du sol (affectation des fonctions résidentielles, industrielles et commerciales) ;

- les politiques d'habitation (subventions à l'accession à la propriété) ;

- les politiques fiscales (taxation foncière générale versus tarification des services),

risquent tôt ou tard d'avoir un impact majeur sur l'organisation immédiate des milieux de vie des citoyens, qu'il s'agisse des quartiers d'une ville ou des différents regroupements de population d'un village.

En d'autres termes, on ne saurait se prononcer sur la qualité des milieux de vie sans s'interroger sur les processus globaux qui régissent l'aménagement du territoire. Or ces processus sont le produit de choix historiques : choix politiques et administratifs bien sûr, mais également individuels puisque les décisions des élus locaux ne sont ultimement que l'expression des préférences d'une majorité de citoyens, lesquels ont souvent tendance, en raison de leurs préoccupations **immédiates**, à négliger les conséquences à long terme de ces choix apparemment inoffensifs et optimaux.

À titre d'exemple, on ne peut nier aujourd'hui que la détérioration progressive et plus ou moins prononcée des quartiers centraux de plusieurs villes centres en Amérique du Nord, qui se manifeste par une dégradation de la qualité des services et des équipements publics, un appauvrissement des populations et une hausse de la criminalité, ne soit – en partie du moins – la conséquence d'un mode de développement non contrôlé, qui privilégie l'individualisme à outrance et relègue aux oubliettes les principes les plus élémentaires de la **planification intégrée**.

Une telle attitude serait un moindre mal si elle n'était assortie de coûts sociaux à long terme (surconsommation d'espace, augmentation des temps de déplacement, utilisation sous-optimale des équipements urbains, crise fiscale, etc.) dont on ne fait que commencer à percevoir les effets. Ce thème de l'**étalement urbain** a fait couler beaucoup d'encre depuis vingt ans – trop, diront certains ; il n'en constitue pas moins l'un des phénomènes les plus marquants de la culture urbaine de l'après-guerre.

5.2 STRUCTURE URBAINE

L'analyse des formes urbaines et l'élaboration de scénarios de développement ont fait l'objet de beaucoup d'attention au cours des dernières années. Aux États-Unis notamment, la gestion de l'urbanisation (*Urban Growth Management*) constitue un courant d'intervention au plan régional qui a pris beaucoup d'ampleur depuis les années 1970[36]. Né avec la croissance urbaine particulièrement prononcée qui caractérisait alors les États du Sud, ce courant vise actuellement à concilier la protection de l'environnement, l'accès à la propriété et la revitalisation urbaine, en favorisant les conditions d'une croissance équilibrée et harmonieuse. Le cas du New Jersey est à cet égard fort instructif : l'utilisation de l'espace qui y est proposée repose sur cinq types de **vocations** (villes anciennes, banlieues anciennes, nouvelles banlieues, espaces

---

36. Trépanier, Marie-Odile. « Plaidoyer pour une croissance urbaine équilibrée dans la région de Montréal », *Actualité immobilière*, vol. 18, nᵒˢ 2-3, p. 16-19.

agricoles et espaces naturels) et sur l'identification de **places centrales** (centres urbains, centres régionaux, villages, etc.) où doit se concentrer le développement.

Dans l'agglomération de Seattle, on a opté pour une approche mixte qui vise à la fois à consolider les centres majeurs tout en favorisant une structure de développement à plusieurs noyaux, fondée sur une hiérarchie spécifique (centre régional, centres métropolitains, centres sous-régionaux, centres d'activités, petites villes, poches piétonnes). Cette tendance est également présente au Canada : ainsi, en Ontario, on se dirige vers l'adoption d'une nouvelle stratégie d'urbanisation pour l'ensemble de la province, qui vise l'équilibre environnemental, économique et culturel des communautés locales. Dans la région du Grand Vancouver, on a adopté dès 1990 une approche régionale touchant la croissance et l'aménagement urbains, parallèlement au développement d'un plan stratégique et d'un plan de transport intégrant, pour la première fois, une politique de transport et d'utilisation des sols[37].

Dans tous les cas précédemment cités, le dénominateur commun s'avère être l'adoption d'une vision régionale de la croissance urbaine et de l'aménagement du territoire, dans le but d'en arriver à une utilisation plus rationnelle des ressources et, ultimement, à une meilleure qualité de vie au niveau des collectivités. Mais si une telle vision s'applique prioritairement dans le cas des régions métropolitaines et de grandes agglomérations, qui se voient aujourd'hui confrontées à des choix épineux, la problématique qu'elle sous-tend est tout aussi valable dans le cas des petites et moyennes agglomérations. Les enjeux dans ce cas sont cependant plus simples et plus directs : ils se résument en général à choisir entre, d'une part, une forme étalée et l'éparpillement des fonctions urbaines sur un territoire de plus en plus vaste et, d'autre part, le maintien d'une structure centrale relativement forte, caractérisée par la présence d'une rue ou d'un noyau commercial dont le dynamisme assure à la fois l'identité urbaine et la cohésion du tissu social. À cet égard, on dispose chez nous de nombreux exemples de municipalités qui ont su, par des initiatives spécifiques, redonner quelque vigueur à leurs zones centrales, notamment dans le cadre de programmes tels que Revi-Centre et Rues Principales. Dans ce dernier cas, plus de 30 municipalités québécoises ont participé au programme depuis 1984. Les résultats ont été tangibles et ont pris diverses formes :

---

37. Kellas, Hugh. « Greater Vancouver : Sustaining a Livable Region », *Plan Canada*, novembre 1992, p. 28-29.

- reprise économique et création d'emploi dans les centres-villes ;
- mise sur pied de stratégies de promotion et d'animation du milieu ;
- mise en œuvre de plans d'action concertés et développement de projets conjoints entre les secteurs public et privé ;
- émergence d'un nouveau sentiment de fierté et d'appartenance des citoyens à leur milieu[38].

Citons quelques exemples :

À **Baie-Saint-Paul**, dans la région de Québec, l'Association des gens d'affaires, formée en 1991, a mis de l'avant différents dossiers en concertation avec la Ville et a organisé par ailleurs une campagne de promotion de Noël, « Baie-Saint-Paul, Ville Blanche », qui revitalise la fonction commerciale du centre-ville en hiver.

À **Granby**, en Montérégie, un consensus entre les gens d'affaires a permis de dépasser les rivalités locales et de regrouper les trois secteurs du centre-ville au sein d'une même association. En outre, les propriétaires des immeubles de la rue principale se sont engagés dans d'importants travaux de recyclage et de restauration, ce qui en a amélioré grandement l'apparence ; sept millions de dollars de travaux privés ont ainsi été entrepris entre 1987 et 1990.

À **Maniwaki**, dans la région de l'Outaouais, une trentaine de gens d'affaires se sont mobilisés pour former un comité de gestion chargé de voir à la bonne marche du programme durant les trois années de son application. On a entre autres organisé, avec la collaboration de quelque 60 commerces, un Festival du Draveur qui a attiré plus de 3 000 personnes ; les ventes ont doublé au centre-ville.

À **Coaticook**, en Estrie, en pleine période de récession, dix nouvelles places d'affaires ont été créées sur la rue principale et plusieurs commerces ont subi des modifications majeures. De plus, le « **Noël en Juillet** » attire 15 000 personnes au centre-ville, ce qui permet, campagnes de publicité à l'appui, de réduire sensiblement les pertes causées autrement par l'achat de l'autre côté de la frontière américaine, située à quelque vingt kilomètres de la ville.

---

38. *Rues Principales 1994: l'impact du programme*, Héritage Canada, région de Québec, 5 p.

À **Loretteville**, dans la région de Québec, de nouveaux commerces se sont installés dans des locaux vacants du centre-ville ; treize nouvelles places d'affaires y ont ainsi été créées durant l'année 1993.

À **Drummondville**, dans la région Mauricie–Bois-Francs, en moins de deux ans d'efforts de concertation, on a mis sur pied une stratégie de mise en marché des atouts du centre-ville et de recrutement commercial qui s'est soldée, en pleine période de récession, par l'implantation de cinquante nouvelles entreprises et la création nette de 150 nouveaux emplois, ainsi que par des investissements privés de plus de quatre millions de dollars. Des bâtiments ont été rénovés et dix nouveaux projets commerciaux ont vu le jour.

À **Saint-Hyacinthe**, en Montérégie, on a remis sur pied le plus ancien marché public du Québec. Après une redéfinition de la vocation commerciale du site et l'élaboration d'un nouveau concept d'occupation des lieux, plusieurs nouveaux commerces d'alimentation spécialisée sont venus s'y installer en 1990 et assurent ainsi la relance et l'essor commercial du marché.

À **Sainte-Marie**, dans la région Chaudière-Appalaches, une analyse approfondie de la situation économique qui prévalait au centre-ville a incité la Ville et les gens d'affaires à se doter d'un calendrier annuel d'événements et de promotions destinés à maintenir un « air de fête » dans le secteur ; les profits réalisés à l'occasion de ces événements sont réinvestis dans l'organisation d'activités au centre-ville.

À **Montmagny**, dans la région Chaudière-Appalaches, les gens d'affaires et les résidants ont participé à l'élaboration d'un plan de réaménagement du centre-ville.

À **Roberval**, au Saguenay–Lac-Saint-Jean, les partenaires commerciaux se sont engagés dans un processus de révision du plan d'urbanisme en privilégiant une orientation qui soit plus respectueuse des atouts physiques actuels du centre-ville ; on a investi ainsi plus de 65 000 dollars pour l'amélioration du stationnement, de la sécurité des piétons et de la sécurité routière.

Tous ces cas d'intervention, qui sont loin d'être exhaustifs, démontrent bien qu'il est possible d'agir efficacement pour combattre le dépérissement des structures économiques et physiques des centres-villes. À force de concertation, d'imagination et d'esprit communautaire, on peut venir à bout de situations que l'on croyait insolubles.

5.3 L'ORGANISATION DES MILIEUX DE VIE : D'HIER À DEMAIN

La forme urbaine, quelle qu'elle soit, demeure ultimement le reflet à la fois des besoins et des valeurs existentielles d'une société, des conditions technologiques du moment ainsi que des contraintes économiques, politiques et administratives qui lui sont imposées. Toute modification dans l'une ou l'autre de ces composantes entraînera nécessairement à long terme un changement, plus ou moins radical, de la forme urbaine. Or, plusieurs données de la problématique urbaine ont changé au cours des vingt dernières années et les changements à venir sont susceptibles d'être encore plus décisifs.

Au plan démographique d'abord, la baisse de la natalité et le vieillissement de la population qui en découle se traduisent par des modifications dans la structure de la demande pour le logement bien sûr, mais également pour l'ensemble des biens et services urbains. On a affaire à des clientèles non seulement plus diversifiées, mais également plus exigeantes quant à la nature des services consommés (loisirs, culture, soins de santé), ce qui implique des équipements urbains plus accessibles et une affectation des ressources plus flexible et plus rationnelle.

Comme l'ont montré plusieurs spécialistes de la question au Canada et aux États-Unis, les résidences de banlieue pourraient bien subir, au cours des trente prochaines années, une baisse substantielle de leur valeur suite à une telle réorientation de la demande. La population jeune (arénas, courts de tennis, centres de ski) est inévitablement appelée à diminuer à l'avenir, alors que celle des services culturels (bibliothèques, salles de concert, cours de recyclage et de perfectionnement, etc.) croîtra.

Les valeurs sociétales évoluent également. La multiplication des divorces et l'affaiblissement des structures familiales traditionnelles, l'autonomie financière accrue des femmes, dont une majorité a maintenant accès au marché du travail, la multiplication des ménages reconstitués et l'intégration progressive des groupes marginaux (personnes handicapées, homosexuels, minorités visibles) au sein des structures sociales, sont autant d'éléments qui affectent depuis déjà deux décennies la notion même de collectivité locale, un concept en perpétuelle évolution. Toutes ces transformations se traduisent notamment par une diversification du parc immobilier résidentiel et par une demande accrue pour certains types de services, les services de garderie par exemple, qui font régulièrement la manchette des médias.

Les contraintes économiques et fiscales sont aujourd'hui, et pour longtemps encore, sans commune mesure avec celles que l'on connaissait il y a vingt ans. Faisant face à un endettement public démesuré, généré par leur propre irresponsabilité, les gouvernements supérieurs ont troqué leur générosité et leurs préoccupations sociales pour une rationalité toute comptable, rejetant progressivement sur les gouvernements locaux et régionaux l'odieux des décisions peu populaires.

Ces derniers auront donc à l'avenir à assumer une part croissante des services communautaires reliés à la fonction redistributive (logement social, problème des sans-abri, santé et services sociaux, éducation) qui était jusqu'à tout récemment l'apanage des gouvernements supérieurs. Le cas des transports collectifs et de l'entretien des routes constitue à cet égard un exemple éloquent. Il faut cependant rajouter que les gouvernements locaux ne sont pas exempts de tout blâme : le contexte d'opulence relative qu'aura connu le Québec de la fin des années 1950 au milieu des années 1980 n'aura certes pas favorisé la responsabilisation de ces instances décisionnelles en matière de planification régionale et il aura fallu une crise fiscale imminente pour que les municipalités envisagent de mettre en commun leurs services et, éventuellement, de fusionner lorsque la situation s'y prête.

Enfin, **les développements technologiques des quinze dernières années en matière de micro-informatique et de communications** ne pourront qu'affecter significativement le mode de vie des citoyens, et partant, leurs choix résidentiels et leurs habitudes de déplacement. Le travail à distance est maintenant une réalité qui prendra dans les années et les décennies à venir une expansion considérable.

En effet, la réorganisation des entreprises confrontées à la concurrence internationale, l'importance croissante des activités de services dans l'économie et la transformation en conséquence des relations de travail (emplois contractuels et disparition progressive du concept de permanence) feront de la résidence principale ou même secondaire un lieu privilégié de production. Bien qu'il soit encore trop tôt pour évaluer les impacts que ces nouvelles technologies exerceront sur l'évolution de la demande pour l'espace urbain, on peut d'ores et déjà imaginer que le modèle traditionnel des déplacements domicile-travail (ou même domicile-études) en sera profondément modifié.

Tous ces éléments font désormais partie de notre présent et nous portent à réfléchir sérieusement sur la nature des choix d'aménagement à faire. Bien sûr, certains principes fondamentaux continuent de s'appliquer en matière d'organisation des milieux de vie.

Ainsi, les utilisateurs de services locaux ont des besoins psychologiques, physiques et sociologiques à satisfaire : ils doivent vivre dans un **cadre sécuritaire** et bénéficier d'un espace **à la fois personnel et collectif** qui leur offre une **diversité de fonctions** et une **mobilité facile**.

Leur environnement résidentiel doit par ailleurs présenter des **qualités esthétiques** et être agrémenté par la présence de **points de référence** (places publiques, monuments, rue commerciale, etc.) qui leur permettent de s'orienter dans l'espace et de personnaliser leur quotidien. Enfin, le citoyen doit ressentir un certain **sentiment d'appartenance** avec son milieu bâti et sa collectivité, ce que favorisent notamment des constructions à « échelle humaine »[39].

Mais au-delà de ces grands principes généraux d'aménagement, il faut prendre conscience que la réalité des villes et des villages québécois a évolué au rythme de l'histoire et qu'il est maintenant temps de modifier les mentalités locales en conséquence. Plus précisément, il faut comprendre que les citoyens des agglomérations urbaines s'identifient aujourd'hui à plusieurs communautés, définies sur des **bases institutionnelles** locales ou régionales (lieu de travail, école, église, centre sportif, etc.), sur la base de l'**identité personnelle** (culture, race, sexe) ou en fonction de **valeurs idéologiques et existentielles** (environnement, féminisme, urbanité, etc.).

Dans cette optique, le quartier, identifié comme base de référence spatiale immédiate, n'est que l'une des composantes d'une problématique infiniment plus complexe. À titre d'exemple, le résidant d'un quartier urbain peut fort bien se sentir plus d'affinités avec l'environnement humain où il a choisi d'implanter sa résidence secondaire en bordure d'un lac qu'avec ses voisins de palier… dont il ne connaît peut-être même pas l'identité et qu'il ne fait que saluer discrètement dans l'escalier matin et soir !

---

39. Greene, Sherwin. « City Shape : Communicating and Evaluating Community Design », *Journal of the American Planning Association*, vol. 58, n° 2, printemps 1992, p. 177-189.

La **vie de quartier** peut donc prendre des significations fort différentes selon le profil et les intérêts de chacun et, pour cette raison, il n'existe pas de réponse toute faite au problème de l'organisation **idéale** des milieux de vie. Somme toute, le cadre de vie de nos villes et de nos villages de demain sera celui que nous nous serons donné par l'exercice de nos droits démocratiques. Mais le jeu de la démocratie implique au préalable que les conditions suivantes soient respectées :

- Que le citoyen puisse être informé des conséquences de ses choix ;

- Qu'il ait le temps d'y réfléchir ;

- Qu'il accepte de s'impliquer dans la gestion des affaires locales et régionales avec autant d'énergie qu'il en a consacrée par le passé à la politique fédérale et provinciale.

Voilà, selon nous, le véritable défi à relever...

CHAPITRE 6

La gestion des services municipaux

Pour qu'une ville ou un village devienne un milieu de vie à l'évolution duquel tous les citoyens participent tout en s'épanouissant, la recherche de l'efficacité doit être au cœur des préoccupations des gestionnaires municipaux. En mettant en place des pratiques et des stratégies centrées sur la qualité de vie et la santé du citoyen, s'inspirant pour ce faire des axes de développement suggérés au chapitre deux, la municipalité se tourne vraiment vers son client. Ce chapitre présente des exemples pratiques, des trucs et des méthodes pour réussir à gérer sainement une municipalité. Son but n'est pas de proposer de nouvelles structures administratives, mais plutôt de montrer, de façon non exhaustive, comment à l'intérieur des structures existantes il est possible d'imaginer et de faire les choses autrement. C'est ainsi que nous avons retenu, pour illustrer notre propos, huit fonctions qui constituent les activités normales d'une ville ou d'un village, et qui sont définies dans le manuel de Normalisation de la comptabilité municipale au Québec :

- l'administration générale et législative ;
- la sécurité publique ;
- le transport ;
- l'hygiène du milieu ;
- la santé et le bien-être ;
- les loisirs et la culture ;
- l'urbanisme et la mise en valeur du territoire ;
- la dette et le financement des activités.

6.1 L'ADMINISTRATION GÉNÉRALE ET LÉGISLATIVE

Cette fonction s'occupe, comme son nom l'indique, de l'aspect général de l'administration d'une municipalité. Elle regroupe des éléments comme le bureau municipal, le secrétariat, le greffe, la gestion du personnel, l'évaluation et l'expropriation, les élections et les référendums, l'organisation des comités et des commissions, la cour municipale, les achats ainsi que toutes les autres opérations d'ordre général. Comment réussir à gérer efficacement l'ensemble de ces activités tout en ayant en tête la qualité de vie du citoyen?

D'UNE MANIÈRE GÉNÉRALE:

6.1.1 À l'égard de l'appareil municipal

En implantant une démarche vers l'amélioration continue, la qualité totale; une telle démarche débute par «l'engagement de la direction, la définition d'une politique de qualité sans ambiguïté, la mise sur pied de groupes d'amélioration de la qualité, l'éducation des collaborateurs, la réalisation de sondages sur les besoins des citoyens, etc.[40]».

En favorisant une approche budgétaire inspirée d'une démarche de planification stratégique dans laquelle la municipalité est conduite par sa mission.

En repensant les stratégies budgétaires de manière à répondre avec efficacité aux besoins de la population. L'optimisation des ressources, c'est-à-dire la recherche de l'efficacité, de l'efficience et de l'économie, les principes de qualité totale, c'est-à-dire la production de biens et de services de qualité du premier coup, la recherche de la performance permettent tous de répondre mieux que prévu aux attentes signifiées et doivent s'intégrer au processus d'élaboration et de mise en œuvre des choix budgétaires.

En structurant un programme d'achats en commun. Les alliances avec d'autres municipalités ou d'autres organismes peuvent permettre d'obtenir de meilleurs prix et donc de produire le service à moindre coût.

En adoptant une politique de taxation et de tarification des services, afin de réduire le poids de la taxe foncière et assurer ainsi une plus grande équité par rapport au coût du logement.

En formant des comités constitués d'élus, de gestionnaires et de gens compétents dans le milieu, pour analyser des dossiers-clés dans des domaines comme l'urbanisme, les loisirs, la culture, le développement économique et social, etc. Cela permettra une prise de décision plus éclairée dans ces secteurs.

---

40. Saucier, Serge. «Qualité totale et services municipaux: le client avant tout!», p. 19.

En créant un comité consultatif responsable des questions reliées au développement communautaire, à la famille et à la santé, prise dans son sens le plus global. On s'assurera ainsi d'avoir un porteur de dossier qui revient constamment à la charge lorsqu'un problème se présente dans ces domaines. De plus, chaque fois que la ville ou le village aura à prendre une décision ou à entreprendre une action importante, ce comité pourra être consulté pour analyser l'impact sur la santé des citoyens. Tranquillement, le concept de santé et ses axes de développement s'infiltreront dans le processus de décision et dans les modalités d'action.

En créant également un comité sur la fiscalité municipale composé d'élus, de fonctionnaires et de gens du milieu, chargé de se pencher sur l'équité fiscale entre les citoyens, les générations et les différents types de contribuables.

En respectant aussi le principe d'équité à l'égard de l'évaluation foncière. Le rôle d'évaluation devra être maintenu à jour avec beaucoup de précaution. Avant de décider si on indexe, si on équilibre ou si on confectionne un nouveau rôle, une bonne analyse de la situation méritera d'être faite.

En nommant un responsable qui s'occupe d'économiser l'énergie dans les édifices de la municipalité. Beaucoup d'énergie se perd parce que les luminaires sont allumés ou que le chauffage fonctionne à pleine capacité, dans des bâtiments où il n'y a personne.

EN METTANT EN PLACE DES **POLITIQUES**[41] CLAIRES DANS DIFFÉRENTS DOMAINES OÙ IL Y A INTERRELATION ENTRE LA MUNICIPALITÉ ET SES CLIENTS, PAR EXEMPLE :

6.1.2 À l'égard de la gestion et du développement des ressources humaines

- Politique d'embauche ;
- Politique salariale ;
- Politique d'évaluation de la performance ;
- Politique de formation.

---

41. Les exemples des différentes politiques sont tirés du Manuel de formation produit par l'UMQ, *L'élu(e)… gestionnaire des fonds publics*, p. 44-46.

Par exemple, la démarche de changement organisationnel instaurée par la Ville de Québec lui a permis de diminuer son taux d'encadrement : 80 postes d'encadrement ou de supervision, sur un total de 400, ont été abolis ou modifiés. En rendant les structures plus dynamiques, en diminuant les niveaux hiérarchiques et en réorganisant l'environnement physique des lieux de travail, Québec a réussi à minimiser ses coûts sans nuire à son efficacité.

En instaurant différents programmes qui s'adressent aux employés :

- Programme d'évaluation du rendement ;
- Programme de formation continue ;
- Programme d'équité dans l'emploi ;
- Programme d'aide aux employés.

En fournissant aux employés municipaux des conditions de travail favorisant la sécurité au travail, le maintien de leur forme physique et l'épanouissement dans leur vie de famille.

En activant la circulation de l'information à l'interne, par le biais d'un bulletin d'information ou d'un autre mécanisme, pour que tout le monde soit au courant de ce qui se passe dans l'organisation.

En formant le personnel pour qu'il soit capable de répondre à toutes les demandes du citoyen. Cela peut se faire à travers l'organisation de réunions stratégiques ou de petites conférences. Il ne faut pas oublier également d'écouter ce que les employés ont à dire, car ils sont souvent le pouls de ce qui se passe dans l'organisation municipale et dans la communauté en général.

6.1.3 À l'égard des ressources financières

- Politique de financement ;
- Politique de trésorerie.

À Saint-Hubert, en Montérégie, la Ville s'est dotée d'un modèle lui permettant de projeter l'impact à long terme (10 ans) du financement de certains de ses projets.

6.1.4 À l'égard des ressources matérielles

- Politique d'achat;

- Politique d'entretien;

- Politique de disposition des biens.

Sur la Rive-Sud de Québec, le Comité intermunicipal d'achats en commun (CIMAC) a élaboré une politique d'achat pour certains biens tels le sel, le sable et les autos de police.

L'Union des municipalités du Québec et l'Union des municipalités régionales de comté du Québec ont elles aussi mis de l'avant des regroupements d'achats.

Certaines municipalités du Québec ont adopté des politiques favorisant les groupes communautaires lors de la disposition de biens.

> DE TELLES **POLITIQUES** FAVORISENT L'ÉQUITÉ, LA CONSTANCE ET LA RÉGULARITÉ DANS LES DÉCISIONS. IL EST DONC ÉGALEMENT SOUHAITABLE D'ÉTABLIR DES POLITIQUES EN CE QUI A TRAIT AUX AUTRES CHAMPS DE COMPÉTENCE MUNICIPALE, PAR EXEMPLE :

6.1.5 À l'égard des loisirs et de la culture

- Politique de subvention aux organismes;

- Politique de prêt de locaux;

- Politique de développement des parcs.

À Pintendre, on a établi une politique visant le développement de parcs dans chacun des secteurs de la municipalité.

6.1.6 À l'égard de l'hygiène du milieu

- Politique de conservation de l'eau;

- Politique de développement du réseau d'aqueduc et d'égouts;

- Politique d'enlèvement des ordures;

- Politique de traitement des eaux usées.

Plusieurs municipalités du Québec ont des politiques de collectes sélectives avec tri à la source.

À Mirabel, dans les Laurentides, la tarification associée au traitement des eaux usées industrielles est basée sur le degré de pollution de l'eau à la sortie des usines.

6.1.7 À l'égard de la protection des biens et des personnes

- Politique de prévention des incendies;
- Politique de protection des personnes;
- Politique d'allocation de brigadiers scolaires.

6.1.8 À l'égard du transport

- Politique de développement de nouvelles rues;
- Politique d'entretien préventif du réseau;
- Politique de circulation.

6.1.9 À l'égard de l'urbanisme et de la mise en valeur du territoire

- Politique sur les biens culturels;
- Politique d'urbanisme;
- Politique de promotion industrielle et commerciale;
- Politique de protection des biens patrimoniaux.

FINALEMENT, EN PRIVILÉGIANT L'UTILISATION DE **PLANS DIRECTEURS** DANS DIFFÉRENTS SECTEURS, DONT:

6.1.10 À l'égard de la gestion des infrastructures municipales

- Plan directeur de signalisation routière;
- Plan directeur d'entretien des réseaux d'aqueduc;
- Plan directeur d'entretien des réseaux routiers;
- Plan directeur des édifices publics;
- Plan directeur de déneigement.

À Boucherville, en Montérégie, la Ville a mis en œuvre, depuis plusieurs années, un plan directeur de voirie dans lequel on planifie l'entretien préventif de l'ensemble des réseaux routiers afin de prolonger leur vie utile et de diminuer les coûts.

6.1.11 À l'égard de la gestion de l'information

- Plan directeur des systèmes d'information;
- Plan directeur en gestion documentaire.

Plusieurs municipalités de toutes tailles et à budget très limité se dotent de ces outils, afin d'éviter des investissements inutiles dans des équipements informatiques et des logiciels qui ne répondent pas à leurs besoins et qui ne sont pas toujours compatibles.

6.1.12 À l'égard des relations avec le citoyen

En adoptant une stratégie d'information à l'intention des citoyens pour qu'ils puissent mieux profiter des services municipaux.

Un calendrier municipal pourra, par exemple, divulguer de nombreuses informations aux citoyens sur les activités mensuelles.

Un journal ou un bulletin municipal, ou un site Internet interactif pourra renseigner la communauté sur les décisions qui se prennent à la table du conseil.

La Ville de Lévis a rendu disponible à ses citoyens un site Internet remarquable, où elle informe quotidiennement ses contribuables de tout ce qui se passe de nouveau à l'égard de son administration.

À La Doré, on a conçu un dépliant présentant les nouveaux services offerts dans la municipalité.

À Saint-Étienne-de-Bolton, en Estrie, on a publié un bulletin mensuel d'information sur les décisions du Conseil et les services disponibles dans la municipalité qui rejoint, à leur résidence principale, à la fois les résidants permanents et les saisonniers, qui représentent 25 % de la population.

La présence d'un kiosque d'information au centre commercial ou à la bibliothèque municipale pourra être un moyen de plus pour communiquer l'information aux citoyens.

À L'Ancienne-Lorette, près de Québec, on a ouvert à la bibliothèque municipale un comptoir d'information sur les activités de la ville, du CLSC, de la Commission scolaire, de la Paroisse et des différents groupes communautaires.

À La Doré, on a monté un kiosque à l'exposition régionale du Lac-Saint-Jean à Saint-Félicien, la ville voisine, afin de montrer ce que le village offre aux niveaux industriel, résidentiel et commercial.

L'affichage des plans lors de réparations permettra aux citoyens de mieux suivre les travaux.

À Québec lors de travaux majeurs sur le réseau routier, on s'occupe d'informer les citoyens et les utilisateurs des travaux en cours. Un numéro de téléphone spécial est également mis à la disposition de tous pour prévenir les problèmes.

En développant des outils qui permettront à la municipalité de mieux connaître ses citoyens et leurs besoins.

À Lac-Mégantic, en Estrie, on a recensé la population, en prenant bonne note des différentes compétences des gens et de leur disponibilité, de manière à constituer une banque d'information permettant de savoir rapidement à qui la municipalité, et la communauté dans son ensemble, peuvent faire appel quand un besoin particulier se présentera.

À L'Ancienne-Lorette, on a constitué un fichier pour compiler les données touchant l'offre et la demande, en matière de services bénévoles et faciliter ainsi le jumelage entre les offrants et les demandeurs.

À Rouyn-Noranda, le comité « Ville en santé » a décidé de consulter les enfants. Pourquoi eux ?

- Parce qu'ils connaissent mieux la ville que quiconque ;
- Parce qu'ils savent nous mettre en face de nos propres responsabilités sans aucune gêne ;
- Parce qu'ils sont originaux dans leurs solutions ;
- Parce que tout le monde et même les autorités sont sensibles à leur point de vue ;
- Parce qu'il est facile de mobiliser une communauté à partir de leurs besoins ;
- Parce qu'ils sont l'avenir de la ville.

À partir des résultats de la consultation, la Ville s'est donné des thèmes à développer, afin d'organiser des milieux de vie qui répondent mieux aux besoins de sa population.

À Montebello, dans la région de l'Outaouais, on a fait une analyse systématique des besoins de la population. Différents questionnaires ont été distribués à l'intention des enfants d'âge préscolaire et scolaire, des jeunes de 11-30 ans (décrocheurs, étudiants, travailleurs, chômeurs), des familles et des personnes âgées.

Dans le secteur Saint-Sacrement de la ville de Saint-Hyacinthe en Montérégie, on a réalisé un atelier de vision stratégique, afin d'identifier des projets répondant aux critères de « Ville en santé ». Plusieurs partenaires ont participé : des citoyens, des organismes du milieu, la Maison Le Passage, l'Alcôve, la Maison des Jeunes, la Paroisse, le Club de l'Âge d'or.

En rendant l'hôtel de ville et la salle du conseil plus accessibles. Dans bien des cas, les salles sont situées au deuxième étage, ce qui ne favorise pas la venue des citoyens qui éprouvent des difficultés à se déplacer.

En révisant les heures d'ouverture de l'hôtel de ville pour les adapter aux besoins de la population. De nos jours, plusieurs couples travaillent et ne sont pas disponibles en journée ; plusieurs personnes âgées n'ont de moyen de transport que le soir. L'hôtel de ville devrait ouvrir ses portes lorsque les gens sont disponibles ; après tout, elle n'existe pas pour satisfaire les besoins des employés, mais ceux de la clientèle.

6.2 LA SÉCURITÉ PUBLIQUE

Cette fonction regroupe les services de police, de protection contre les incendies et de protection civile. On parle alors d'activités comme la protection des personnes, la prévention de la criminalité, la brigade scolaire, la prévention et la lutte contre les incendies, l'organisation des mesures d'urgence et la lutte contre les inondations et les désastres. Regardons maintenant comment on peut protéger nos citoyens au maximum, à un coût minimum.

6.2.1 À l'égard de la police

En instaurant des programmes de prévention du crime et du vol afin de sensibiliser la population à ces phénomènes.

À Sherbrooke, on a mis sur pied plusieurs projets en prévention du vandalisme :

- Plusieurs écoles de la ville ont entrepris des programmes de protection des biens nécessitant l'implication des enfants.

- Pour augmenter le sentiment d'appartenance au milieu et décourager le vandalisme, un comité de citoyens a organisé une activité d'embellissement d'un parc de quartier avec la collaboration de l'école.

En organisant des activités de sensibilisation aux problèmes vécus par les femmes en milieu urbain.

En favorisant la patrouille à pied ou à vélo pour faciliter le contact policier-citoyen.

À Hull, dans l'Outaouais, il existe depuis 1989 une patrouille à vélo composée de deux policiers qui sillonnent les 34 kilomètres de pistes cyclables de la ville. Ils agissent à la fois comme agents de relations publiques et comme agents de sécurité pour les touristes et les cyclistes. De plus, le travail de ces policiers est complété par la présence d'une patrouille bénévole, coordonnée par le comité Hull, Ville en santé, et qui assume la surveillance des sentiers récréatifs de la ville pendant l'été, sept jours par semaine, aux heures les plus achalandées. L'équipe en place est composée d'une vingtaine de bénévoles qui ont reçu une formation en :

- prévention et conseils de sécurité ;

- renseignements touristiques ;

- assistance en cas d'urgence ;

- aide en cas de problèmes mécaniques.

Les citoyens peuvent reconnaître ces patrouilleurs par le logo du projet Hull, Ville en santé, qu'ils portent sur leurs vêtements.

À Girardville, au Lac-Saint-Jean, un groupe nommé les Compagnons de la marche s'est donné pour mission de prévenir le vandalisme et de sécuriser les personnes âgées, tout en faisant de l'exercice. Des bénévoles, des policiers de la Sûreté du Québec, la municipalité et le CLSC sont partenaires de ce projet.

En implantant un programme de surveillance de quartiers pour améliorer la quiétude et la sécurité des citoyens.

À Montréal, Tandem Montréal s'occupe de sécurité urbaine. C'est un programme dans lequel les organismes communautaires élaborent des stratégies collectives ou individuelles, s'adressant aux citoyens, dans le but d'améliorer leur sécurité. Tandem Montréal offre des services d'information, de sensibilisation, de documentation, d'analyse des besoins en matière de prévention et de sécurité visant entre autres, la sécurité des femmes et celle des personnes âgées, la violence chez les jeunes et la sécurité dans les parcs.

En entreprenant des actions telles que « Police-Jeunesse » pour mieux encadrer les jeunes et prévenir la délinquance, phénomène qui fait fuir les familles de nos villes et villages.

À Rimouski, on a créé l'unité mobile de prévention.

À Bernières, Saint-Étienne, Saint-Nicolas et Saint-Rédempteur, le Service de police organise périodiquement des activités récréatives pour les adolescents sous le thème « On danse avec la police ».

En organisant des sessions d'information à l'intention des parents et des enfants sur les dangers de l'alcool et des autres drogues.

À Beauceville, dans la région Chaudière-Appalaches, on a planifié une campagne de promotion dont le but est d'informer les citoyens sur les impacts de la drogue et du vandalisme et sur les attitudes préventives à adopter. Par le biais d'affiches, de dépliants et d'autocollants, on veut sensibiliser surtout les personnes qui sont peu touchées par les campagnes traditionnelles.

En adhérant au 911, afin que tous les gens qui circulent sur le territoire de la municipalité puissent communiquer rapidement avec les services de sécurité lorsque survient un problème.

En installant un téléphone public au parc et à la salle paroissiale.

En adoptant une approche de police communautaire. Comme l'a si bien résumé Lorrain Audy, ex-directeur du Service de police de Hull qui est maintenant sous-ministre associé au ministre de la Sécurité publique du Québec :

> Dans la prévention du crime, la police n'est qu'un des intervenants, celui qui est payé, et d'ailleurs c'est tout le système de valeurs de la société qu'il faut renforcer si on veut diminuer la criminalité[42].

---

42. Audy, Lorrain (1991). *Partenaire avec la police*, p. 4.

On peut ainsi décrire la police communautaire comme étant:

- Une approche dans laquelle le travail des policiers est axé sur la prévention plutôt que sur la répression.

- Une association entre la police et les citoyens pour résoudre la criminalité et les autres problèmes touchant la sécurité de la communauté.

Selon Lorrain Audy, les services policiers qui développent un tel partenariat police-citoyens mettent de l'avant trois stratégies.

- Une approche par îlots: tous les coins de la ville sont divisés en secteurs auxquels sont associés des agents patrouilleurs qui y effectuent des patrouilles à pied pour rencontrer les citoyens, les commerçants ou les promeneurs.

- Une approche ciblée sur les causes plutôt que sur les conséquences; chaque appel provenant des citoyens est dorénavant traité comme faisant partie d'une problématique plus large que la simple situation présentée.

- L'établissement d'un poste de police communautaire où un policier, assisté de bénévoles, peut aider la communauté à se défaire de problèmes tels que la criminalité, le désordre, l'insécurité, les troubles d'intégration, etc.

Le succès d'une telle organisation dépend, comme dans bien d'autres domaines, de la qualité de la communication entre policiers et citoyens. Ont-ils des échanges réguliers et réciproques? Parlent-ils le même langage? Disposent-ils de toute l'information nécessaire?

À Rouyn-Noranda, le Service de police et la direction du Service communautaire et qualité de vie ont mis sur pied une table de concertation en prévention communautaire, afin de rejoindre les intervenants du milieu. Cette table, composée du Service de police et de différents représentants des secteurs communautaire, public, municipal et privé, a choisi de se concentrer sur le problème de la violence. Un tel projet permet à chacun de présenter l'opinion de son groupe de référence et d'obtenir ainsi une meilleure vue d'ensemble du problème et des solutions possibles.

6.2.2 À l'égard de la protection contre les incendies

En mettant en place un programme de prévention des incendies prévoyant des visites à domicile et des réunions de famille autour de ce sujet, avec un « préventionniste ». Il est important de rendre visite aux citoyens afin de vérifier avec eux la fiabilité de leur système de chauffage, de leur système électrique, de leur cheminée ou de la température de leur chauffe-eau.

À Montmagny, dans la région Chaudière-Appalaches, deux étudiants engagés par la Ville ont fait le tour des foyers pour sensibiliser la population à l'importance des détecteurs de fumée. Suivant leurs recommandations, des autocollants phosphorescents ont ensuite été distribués dans les maisons, afin d'être appliqués aux fenêtres des chambres d'enfants et des personnes handicapées ou âgées, pour signaler aux pompiers les endroits nécessitant une intervention prioritaire.

À Sherbrooke, on a mis en place un réseau d'entraide constitué de représentants des facteurs, de la Direction de la protection de la jeunesse, des Services récréatifs et communautaires, du Service de protection contre les incendies, des CLSC et du Service de police. Ils échangent des informations afin de faciliter l'identification et l'élimination de situations jugées à risque pour les citoyens, par exemple :

- Les pompiers ont formé les facteurs sur les risques d'incendie à l'extérieur des bâtiments et les auxiliaires familiales des CLSC sur les risques à l'intérieur des maisons.

- La Direction de la protection de la jeunesse a formé des animateurs dans les parcs sur les signes pouvant révéler qu'un enfant est maltraité.

- Les CLSC ont échangé avec les policiers sur les services qu'ils offrent et sur les possibilités de collaboration à envisager.

- Les Services récréatifs et communautaires et la Direction de la protection de la jeunesse travaillent ensemble pour aider les enfants en difficulté.

Un tel réseau d'entraide et de soutien avec les organismes, institutions et groupes communautaires permet vraiment de décloisonner les informations, les expertises et les moyens d'action de chacun, pour les mettre en commun et en faire bénéficier l'ensemble de la communauté.

En prévoyant un système d'entretien préventif des équipements, y compris des bornes-fontaines, de façon à éviter toute défaillance.

En s'assurant d'avoir une bonne réserve en eau pour être capable de contrôler les incendies (précaution maintenant incluse dans les schémas de risques d'incendies).

À Saint-Étienne-de-Bolton, le service des incendies a aménagé un plan d'eau au parc municipal qui sert, en cas d'incendie, à remplir le camion-citerne ; décoratif l'été, il est pratique en hiver puisqu'il est aussi utilisé pour arroser la patinoire municipale.

En contrôlant l'usage de feux d'artifice et en décourageant ou réglementant les feux à ciel ouvert.

6.2.3 À l'égard de la protection civile

En organisant des activités d'information pour les citoyens.

À Beauceville, un projet d'information sur les mesures préventives pour les citoyens en zone inondable a été mis de l'avant dans le but de diminuer les conséquences matérielles et psychologiques des inondations et de favoriser l'entraide et l'implication des non-sinistrés. À cette fin, on a organisé des rencontres avec les personnes des secteurs touchés et distribué un dépliant informatif à l'ensemble des citoyens de la municipalité.

En répertoriant avec précision les sites dangereux et les endroits où sont gardés les produits comportant des risques pour la population.

En mettant en place une signalisation adéquate des sites dangereux en matière de sécurité routière (intersections, sorties d'usine, sorties d'école) et en informant les citoyens et les médias de cette signalisation afin d'encourager un comportement prudent.

En mettant au point et en maintenant à jour un plan d'urgence en cas de désastre, afin d'éviter la panique au sein de la communauté.

En favorisant des stratégies intermunicipales en matière de protection publique. Cela permet une réduction des coûts pour les citoyens de chacune des municipalités participantes et une amélioration des services pour tous.

En acquérant des équipements de désincarcération (mâchoires de vie) et en formant ses utilisateurs. Étant donné que ce type d'équipement ne sert que dans certaines occasions, il pourra être intéressant de l'acquérir conjointement avec d'autres municipalités.

En établissant des voies prioritaires pour les véhicules d'urgence.

À Beauport, la Ville a adopté un règlement qui oblige les propriétaires d'immeubles à logements multiples ou de bâtiments commerciaux, industriels, publics ou récréatifs à aménager sur le terrain desservant leur propriété, deux voies prioritaires d'accès et de sortie pour les véhicules d'urgence et à y interdire le stationnement[43].

6.3 LE TRANSPORT

Dans cette fonction, on retrouve tout ce qui est en relation avec la voirie municipale, l'enlèvement de la neige, l'éclairage des rues, la circulation des piétons et des véhicules, l'utilisation et l'entretien des compteurs et des parcs de stationnement, le transport en commun et le transport adapté. Regardons maintenant quelques moyens permettant de gérer cette fonction de manière saine et efficace.

6.3.1 À l'égard de la voirie municipale

En faisant l'entretien préventif du réseau routier et des trottoirs afin de diminuer les accidents et de prévenir les chutes des piétons.

À Pintendre, on a effectué une plantation d'arbres en rangée sur une distance de cinq kilomètres, pour contrer les effets néfastes du vent sur la sécurité routière, tout en diminuant l'érosion des sols.

En s'assurant que toutes les grilles d'égout pluvial soient perpendiculaires à la rue afin d'éviter les accidents chez les cyclistes.

En prenant l'habitude d'effectuer un entretien préventif de la machinerie, de l'équipement et des véhicules servant à la voirie municipale. Une telle routine permet de disposer de bons équipements lorsque l'on en a besoin, tout en prolongeant leur durée de vie utile.

En favorisant l'achat en commun de certains équipements tels que balai de rue, niveleuse, etc. Les municipalités environnantes doivent aussi entretenir leur chaussée et nulle n'est obligée de le faire à la même heure.

---

43. Doucet, Marc (1992). *Les pouvoirs des municipalités en matière de santé publique.*

6.3.2 À l'égard de l'enlèvement de la neige

En établissant un plan de déneigement priorisant les secteurs plus densément peuplés de jeunes et de personnes âgées, afin de leur donner accès aux services d'urgence.

En assurant le déneigement des trottoirs pour la sécurité des enfants et des personnes âgées.

En évitant le déneigement autour de l'école en présence des enfants, pour les préserver du danger qu'occasionne la circulation de machinerie lourde.

En s'assurant que l'entrepreneur privé à qui l'on a octroyé le contrat de déneigement partage les valeurs de la municipalité et respecte les normes apparaissant dans le devis élaboré à cette fin.

En faisant les interventions nécessaires auprès du ministère des Transports du Québec pour que les routes sous sa juridiction soient sécuritaires pour les citoyens.

À Scotstown, en Estrie, le comité «Scotstown en santé», la municipalité, les autres municipalités environnantes et la députée ont convaincu le ministère des Transports de changer la classification de la route principale, afin qu'elle puisse profiter de mesures d'entretien plus sécuritaires pendant l'hiver.

6.3.3 À l'égard de l'éclairage des rues

En optimisant l'éclairage de rues par l'utilisation d'équipements qui consomment le moins d'énergie possible et qui donnent un éclairage efficace et respectant les normes.

En tenant compte des secteurs où il y a un besoin plus grand en éclairage, pour assurer la sécurité des personnes ou encore, pour faciliter la vision des personnes âgées dans les quartiers où elles sont plus nombreuses.

6.3.4 À l'égard de la circulation

En établissant une zone de sécurité pour éliminer les problèmes de champ de vision des conducteurs aux intersections. En contrôlant des éléments comme la distance entre une construction et la rue, l'emplacement des arbres, ou encore la hauteur des haies, des murets et des clôtures, la ville ou le village assure ainsi une meilleure visibilité aux conducteurs.

En prévoyant la configuration des rues en fonction des zones résidentielles ou commerciales et de l'importance du trafic routier. Par exemple, pour ralentir la vitesse dans les quartiers résidentiels, la ville peut utiliser des cahots ralentisseurs ou des boucles.

En favorisant la construction de trottoirs dans les rues à moyenne et haute circulation.

En élaborant des politiques de circulation et de stationnement qui mettent l'accent sur la sécurité des enfants, des piétons et des cyclistes.

En lançant des campagnes de sécurité routière sur le respect des passages pour piétons.

En implantant des voies piétonnières et des pistes cyclables pour protéger les jeunes cyclistes et favoriser l'activité physique chez les moins jeunes.

À Longueuil, depuis 15 ans, il existe un réseau cyclable éclairé qui se transforme en piste de ski de fond pendant l'hiver. Ce réseau mène les gens d'un parc à l'autre en bordure du fleuve sur une distance de 40 kilomètres.

En planifiant la signalisation routière afin de donner préséance aux piétons et améliorer la sécurité de tous les membres de la famille.

À Montmagny, à une certaine intersection dans la ville, on a dénombré 28 accidents en une seule année, dont deux avec lésions graves. Pour remédier à la situation, la Ville a fait couper un arbre et installé quatre panneaux d'arrêt obligatoire: depuis, plus aucun accident. Une telle décision coûte peu à une ville et permet d'augmenter la qualité de vie des citoyens en préservant leur état de santé, leur permettant ainsi de circuler en toute sécurité dans leur municipalité.

En examinant la possibilité de réduire ou d'éliminer la circulation des véhicules automobiles dans les centres-villes pendant certaines périodes, comme la fin de semaine, lors de festivités, pendant l'été. La ville existe pour les gens et non pour les automobiles.

À Hull, le comité « Hull, Ville en santé » a organisé une journée spéciale où toute la population était invitée à se déplacer en vélo pour aller au travail et se rendre à un grand dîner communautaire. Une telle initiative peut inciter les gens à prendre davantage leur bicyclette pour aller travailler.

À Québec, on a conçu un document « Le carnet vélo » présentant des renseignements pour les personnes qui utilisent leur vélo pour se déplacer.

En adaptant les trottoirs et les voies de circulation pour les personnes ayant un handicap.

En mettant en place un programme d'entretien des panneaux de signalisation, afin que ceux-ci soient visibles par tous et que la population en comprenne l'importance. Par exemple, les arbres ou la neige ne devraient pas cacher ces panneaux.

6.3.5 À l'égard du stationnement

En imaginant des aires de stationnement permettant une organisation saine des milieux de vie. Par exemple, on pourrait autoriser le stationnement d'un côté de la rue et laisser l'autre pour les cyclistes et les piétons.

À Vanier, dans la région de Québec, on a précisément choisi cette façon de faire afin de favoriser le transport à bicyclette.

En organisant un stationnement en périphérie afin de donner la priorité aux piétons dans le centre-ville et non aux automobiles.

En obligeant les citoyens des secteurs résidentiels à se stationner dans leur entrée et en invitant les visiteurs à le faire sur un seul côté de la rue, afin d'assurer une plus grande sécurité pour les enfants qui y jouent.

En offrant la gestion des stationnements payants à des corporations qui ont pour intérêt d'accumuler des fonds pour développer et améliorer les équipements.

En faisant respecter les lois, afin que la ville ou le village demeure d'abord au service des citoyens et non pas à celui des véhicules à moteur.

6.3.6 À l'égard du transport en commun

En favorisant l'implantation d'un système de transport en commun et de transport adapté. Un tel système facilite le transport des étudiants et permet de garder, au sein de la municipalité, les membres des familles qui ont des difficultés à se déplacer. De plus, le transport en commun diminue la pollution de l'air et réduit les risques reliés à la circulation trop dense.

À la Commission des transports de la communauté urbaine de Québec, on explore la possibilité de se doter d'autobus dont l'accès peut être abaissé, pour faciliter la tâche aux aînés et à ceux qui éprouvent certaines difficultés à se déplacer. On a également identifié des espaces spécifiques à l'avant des autobus pour ces personnes.

À Port-Cartier les citoyens bénéficient d'un taxi-bus répondant aux besoins des familles éloignées du centre-ville et des services.

À Fermont, sur la Côte-Nord, la Ville et le Club Optimiste ont mis sur pied un service de taxi à prix avantageux pour les groupes qui organisent des soirées durant la période des Fêtes.

En réservant des voies prioritaires pour les autobus et les autos qui ont plus de deux passagers; ces mesures encouragent l'utilisation du transport en commun et le covoiturage.

En installant des abris-bus transparents pour assurer la sécurité et le confort des utilisateurs.

En développant des ententes intermunicipales en matière de transport en commun, afin de réduire les coûts et de servir un plus grand bassin de population.

6.4 L'HYGIÈNE DU MILIEU

Cette fonction prend en charge l'assainissement du milieu. À ce titre, elle englobe la purification, le traitement de l'eau et sa distribution, l'épuration des eaux usées, les réseaux d'égouts sanitaires et pluviaux, ainsi que l'enlèvement et la destruction des ordures et des nuisances publiques. La gestion de cette fonction a des répercussions directes sur la santé de la communauté. Il est donc très important de développer des méthodes fiables permettant de maintenir un environnement de qualité.

6.4.1 À l'égard de l'environnement général

En créant un comité d'environnement et en impliquant les citoyens afin qu'ils prennent en main la qualité de leur milieu de vie.

À L'Ancienne-Lorette, dans la région de Québec, on a formé un comité d'embellissement et de protection de l'environnement, en collaboration avec le CLSC et la Commission scolaire, afin d'élaborer un plan quinquennal en matière de protection de l'environnement; le comité travaille maintenant à la réalisation de ce plan.

À Rouyn-Noranda, un comité de citoyens, la Ville, la compagnie Minéraux Noranda, le département de santé communautaire (DSC), le CLSC, la Chambre de commerce, le ministère de l'Environnement et le syndicat local ont travaillé ensemble sur un projet de décontamination du plomb dans le quartier Notre-Dame, voisin de l'usine d'affinage du cuivre de la compagnie Noranda.

À Granby, en Montérégie, la Ville, la Commission scolaire et le CEGEP ont organisé une vaste campagne de sensibilisation aux problèmes causés par l'herbe à poux. Pour faciliter l'identification et encourager l'éradication de cette herbe par les citoyens, on a exposé des plants d'herbe à poux en pot dans des lieux publics, comme les institutions bancaires, les supermarchés, les cabinets de médecins, les pharmacies et les bureaux de poste. Chaque plant était accompagné d'une explication de ses effets et de la façon de s'en débarrasser.

À Beauport, on organise annuellement des corvées de nettoyage de la rivière et de la piste cyclable.

À Ascot, en Estrie, on fait de même avec les berges de la rivière et certains boisés. Ces nettoyages sont effectués par des citoyens avec l'aide des scouts et des guides.

À Vaudreuil-Dorion, près de Montréal, des nettoyages printaniers et des plantations d'arbres sont organisés dans les parcs de la ville.

En favorisant des politiques d'information incitant les citoyens à utiliser des produits sans danger pour les enfants et pour l'environnement, lorsqu'ils traitent leur pelouse ou leurs arbustes.

À Sherbrooke, 400 enfants ont créé des affiches sur le thème des pesticides et ont participé à une parade avec « Monsieur le maire » lors des fêtes de l'environnement.

En organisant des activités jeunesse pour favoriser la prise de conscience de la responsabilité individuelle face à l'environnement.

Dans le quartier Mercier-Est de la ville de Montréal, les élèves de l'école Le Caron se sont engagés à nettoyer de tous débris et papiers les terrains de l'école, de l'aréna et du parc, à l'heure de leur récréation.

En plantant des arbres et en les protégeant lors de la construction. Par exemple, au lieu de couper un arbre entier, on peut simplement enlever la branche brisée ou malade.

À Sherbrooke, la Ville, avec la collaboration du ministère des Forêts, de groupes communautaires et des citoyens, a réalisé des plantations d'arbres dans différents secteurs. Elle a pu ainsi doubler le nombre d'arbres plantés avec le même budget, tout en éliminant presque complètement le vandalisme sur ces arbres.

À Longueuil, à l'occasion de l'année internationale de la famille, un arbre a été planté pour chaque enfant né dans cette ville en 1994.

6.4.2 À l'égard de la purification et du traitement de l'eau

En surveillant de très près la qualité de l'eau potable, par souci de la santé des familles résidantes.

6.4.3 À l'égard du réseau de distribution de l'eau

En protégeant les points d'approvisionnement afin que l'eau ne soit pas contaminée par des bactéries ou des produits néfastes à la santé.

En prélevant fréquemment des échantillons afin d'éviter les risques d'épidémie par contamination.

En entretenant systématiquement le réseau de distribution grâce à un programme d'inspection et d'entretien préventif du réseau.

En effectuant des inspections agricoles régulières, de manière à obtenir la collaboration des cultivateurs, afin qu'ils évitent de contaminer les sources d'eau avec le fumier.

En bouclant le réseau au complet, c'est-à-dire en faisant un réseau en circuit.

En recherchant les fuites dans le réseau. Les fuites coûtent cher aux municipalités, donc les circonscrire et les colmater réduira sensiblement les coûts de production de l'eau.

En favorisant une consommation modérée de l'eau par les citoyens.

À Rock Forest, en Estrie, la Municipalité a installé des compteurs d'eau et a ainsi évité d'agrandir son usine de filtration. Voilà une belle économie pour tout le monde.

À Sherbrooke, 5 000 citoyens ont placé une brique dans le réservoir de la chasse d'eau de leur toilette afin de réduire leur consommation dans le cadre de la Semaine de l'environnement.

À Beauport, la ville a choisi de sensibiliser la population à une utilisation rationnelle de l'eau potable, par le biais du *Journal Beauport-Express*.

À Pointe-Claire, Pierrefonds et dans plusieurs autres villes de l'Ouest de l'Île de Montréal, on a invité les citoyens à visiter l'usine de filtration, afin de les sensibiliser à l'importance de bien utiliser l'eau potable.

Plusieurs municipalités réglementent l'utilisation de l'eau pour l'arrosage des pelouses, le remplissage des piscines et le lavage des automobiles pendant les mois d'été.

En se regroupant avec d'autres municipalités pour produire une eau de meilleure qualité à moindre coût.

6.4.4 À l'égard de l'épuration des eaux usées

En ayant soin de clôturer les sites d'épuration et de bien les identifier. Cela réduit de beaucoup les risques d'accident.

En organisant des activités d'information systématiques s'adressant au public, afin de sensibiliser les citoyens aux conséquences de leurs gestes quotidiens par rapport au traitement des eaux usées, particulièrement la disposition des déchets domestiques dangereux dans les égouts.

À Beauport, les élèves d'une école primaire ont fait la visite d'une usine d'épuration des eaux de la région de Québec.

En réglementant le prétraitement des eaux usées provenant des usines.

6.4.5 À l'égard des réseaux d'égouts

En séparant l'égout pluvial de l'égout sanitaire. En évitant un réseau mixte, on peut réduire sensiblement les coûts de traitement.

En évitant le refoulement. Un règlement obligeant l'installation d'un clapet est un moyen simple pour contourner ce problème.

En s'assurant de l'étanchéité du réseau d'égout sanitaire.

En favorisant systématiquement l'entretien préventif du réseau d'égouts et la vidange périodique des fosses septiques.

En protégeant bien les employés qui travaillent dans le réseau d'égouts, par l'établissement de protocoles précis et par le recours à une bonne signalisation et à une bonne ventilation.

6.4.6 À l'égard de l'enlèvement et de la destruction des ordures

En impliquant les familles dans des projets de recyclage avec tri à la source afin de développer leur intérêt pour la récupération.

À Cap-Rouge, dans la région de Québec, pour initier les citoyens à la collecte sélective des résidus verts (pelouse et feuilles), on a distribué gratuitement des sacs biodégradables afin d'en faciliter la collecte.

À Fermont, au cours d'une opération «porte-à-porte», on a recueilli des vieux vêtements afin de les acheminer à Enfance au soleil ou à un centre de déchiquetage.

À Longueuil, comme dans plusieurs autres municipalités, on organise depuis plusieurs années une collecte des déchets domestiques dangereux. À cette fin, une unité mobile parcourt les différents secteurs de la ville à deux périodes différentes de l'année, soit au printemps et à l'automne.

À Port-Cartier, sur la Côte-Nord, on a installé des récipients pour la récupération des huiles usées.

En favorisant des programmes de compostage domestique. De tels programmes permettent de réduire énormément le volume d'ordures et, de plus, contribuent à la protection de l'environnement.

À Pintendre, grâce à une subvention du ministère de l'Environnement et à un programme d'achat en grande quantité, on a pu fournir à un prix très bas des composteurs domestiques à plus de 400 familles du territoire. Celles-ci avaient en même temps accès à une formation pratique gratuite sur les secrets du compostage domestique. Fusionnée depuis à la ville de Lévis, les citoyens de la nouvelle ville ont vu ce programme élargi à l'ensemble de la population.

En développant des programmes d'information à l'égard des habitudes de consommation respectueuses de l'environnement. Cela permet de sensibiliser la population aux conséquences de certaines pratiques telles que le «suremballage», ou le recours inutile à des produits dangereux ou non biodégradables (comme les sacs de plastique).

À Rouyn-Noranda, on a sensibilisé la population aux menaces des déchets domestiques dangereux et aux solutions de remplacement, par le biais d'un dépliant distribué dans toutes les maisons. On a également mis sur pied un service d'information continu, qui permet aux gens d'être informés en tout temps sur les problèmes reliés aux déchets domestiques dangereux. Ce service est offert par les pompiers, qui sont d'excellents agents d'information et de sensibilisation auprès de la population.

À Westmount, dans la région de Montréal, on a choisi de favoriser la tenue d'ateliers de réflexion et d'échanges sur les moyens de réduire la production de déchets domestiques. Un guide d'animation a donc été élaboré afin d'inciter les résidants à organiser eux-mêmes de tels ateliers dans leur quartier.

En mettant en place une méthode d'entreposage et de collecte des ordures susceptible d'éviter la contamination de l'environnement et les accidents chez les employés.

En favorisant l'utilisation des bacs roulants.

En impliquant le secteur commercial dans une gestion réelle et efficace des déchets, par exemple par le tri à la source.

6.4.7 À l'égard des nuisances publiques

En ne tolérant pas la présence de nuisances, telles que les carcasses d'automobiles abandonnées, les ferrailles, les déchets, les mauvaises herbes, la pollution par le bruit ou la pollution de l'air.

À Saint-Hyacinthe, il est interdit de déposer des cendres, du papier, des déchets, des immondices, des ordures, des détritus, des animaux morts, des matières fécales et autres matières polluantes ou de laisser subsister de telles matières dans les rues, regards d'égouts pluviaux ou sanitaires, fossés, allées, trottoirs, cours, terrains et places publiques, eaux et cours d'eau[44].

À Brossard, en Montérégie, il est interdit au propriétaire d'un immeuble de laisser des constructions, des structures ou des parties de celles-ci dans un état de mauvais entretien, de sorte que la pourriture, la rouille ou la vermine s'y infiltrent et risquent de menacer à la longue, la sécurité et la santé publique[45].

À Lachine, dans la région de Montréal, certaines races de chiens (comme les pitbulls) sont interdites sur le territoire de la ville.

---

44. Règlement 953, 1989, ville de Saint-Hyacinthe, tiré de Doucet, Marc (1992). *Les pouvoirs des municipalités en matière de santé publique*, p. 133.

45. Règlement 830, 1979, ville de Brossard, tiré de Doucet, Marc (1992). *Les pouvoirs des municipalités en matière de santé publique*, p. 133.

À Québec, les motocyclettes ne peuvent circuler dans les rues et ruelles du Vieux-Québec[46].

En organisant régulièrement un service de collecte et de disposition des monstres ménagers ou matériaux inutiles.

En entretenant, aux frais des propriétaires, les terrains vagues afin de décourager la disposition de déchets en ces endroits.

6.5 LA SANTÉ ET LE BIEN-ÊTRE

Cette fonction touche les services de garde à l'enfance, la protection des non-fumeurs, le soutien à la famille, les œuvres caritatives et l'inspection des aliments. De plus, même si les municipalités possèdent peu de pouvoirs en matière de santé, il leur est toujours possible de collaborer avec ceux qui en ont, pour instaurer des mesures pouvant influencer positivement la santé et le bien-être de leurs citoyens. Penchons-nous sur quelques pratiques de gestion souhaitables dans ces domaines.

6.5.1 À l'égard des services de garde à l'enfance

En mettant en place, conjointement avec les commissions scolaires et d'autres partenaires, des services de garde adéquats, afin d'assurer la sécurité des enfants lorsque les deux parents travaillent. Quand les jeunes peuvent profiter d'activités stimulantes et bien organisées, on ne les retrouve pas en train de vagabonder dans les rues.

À Sherbrooke, une table de concertation regroupant 17 organismes du milieu a mis en place différents projets pour les jeunes dont une bambinerie, une concertation loisir, un programme pour enfants qui se gardent seuls à la maison et une fête de quartier.

Dans le quartier Mercier-Est de la ville de Montréal, on a implanté une agence de service de garde en milieu familial en collaboration avec l'Office des services de garde à l'enfance.

À L'Ancienne-Lorette, on a mis en place un programme estival de halte-garderie en complémentarité avec les services de garde en milieu scolaire.

---

46. Règlement 2846, 21 juin 1982, ville de Québec, tiré de Doucet, Marc (1992). *Les pouvoirs des municipalités en matière de santé publique*, p. 137.

6.5.2 À l'égard de la protection des non-fumeurs

Ce sujet controversé fait maintenant partie de l'histoire. Les précurseurs comme les villes de Sherbrooke et de Lachine ont sans doute influencé par leurs actions concrètes le législateur à cet égard.

6.5.3 À l'égard du soutien à la famille

En développant une politique familiale répondant aux besoins spécifiques de la population.

Dans plusieurs municipalités, on a élaboré une telle politique afin d'adopter une attitude davantage orientée vers le « penser et agir famille ». Une telle démarche permet de mieux adapter les attitudes des intervenants et les services municipaux aux réalités familiales. Ce type de politique peut toucher à plusieurs secteurs d'intervention :

- Le transport ;
- L'habitation :
  - le coût du logement ;
  - la qualité du logement ;
  - l'espace vital ;
  - l'accès à la propriété ;
- L'aménagement du territoire ;
- La sécurité ;
- Le loisir ;
- L'environnement ;
- L'organisation municipale.

À Rivière-du-Loup, dans la région du Bas-Saint-Laurent, la Ville a fait appel à la collaboration du CLSC, du DSC, des jeunes, du comité de loisir, des personnes âgées et de l'Association féminine d'éducation et d'action sociale (AFEAS) pour élaborer sa politique.

À Québec, on a bâti un outil de références, *Le guide de la famille*, qui permet aux familles de la ville de connaître les activités de loisirs offertes par les secteurs public, parapublic et privé, ainsi que par les services communautaires et d'entraide.

En nommant un élu responsable du dossier «famille» afin que ce soit une préoccupation toujours présente au sein de l'administration municipale.

En adhérant au Carrefour Action municipale et familles, afin de pouvoir partager des expériences avec d'autres municipalités.

6.5.4 À l'égard des œuvres caritatives et des relations avec les organismes communautaires

En soutenant techniquement et financièrement des organismes caritatifs et les organismes sociocommunautaires. Il peut s'agir de subvention au démarrage, d'aide matérielle ou d'accessibilité gratuite aux locaux de la municipalité.

À Victoriaville, la Ville a acheté un édifice qu'Hydro-Québec n'utilisait plus pour l'offrir à la Corporation de développement communautaire des Bois-Francs pour le soutien des groupes communautaires de l'endroit.

À Beauport, on a instauré une politique d'intervention sociale dans le but d'offrir aux organismes du milieu une aide complémentaire à celle offerte par les paliers gouvernementaux supérieurs. Le soutien peut être d'ordre financier (subvention de fonctionnement), administratif (service de traitement de la paie), technique (prêt de locaux, d'équipements, d'espaces de rangement) et professionnel (ressources humaines, formation).

À Montréal, on a mis sur pied des mécanismes efficaces pour coordonner les ressources disponibles afin de contribuer à réduire les problèmes liés à la faim et à la pauvreté. Le projet «Nourrir Montréal»[47] vise à:

- Assurer l'égalité en matière d'accès à la nourriture;
- Prévenir la détérioration de l'environnement par l'utilisation des surplus alimentaires;
- Favoriser l'employabilité;
- Développer la récupération des aliments;
- Soutenir les initiatives locales.

À Sept-Îles, sur la Côte-Nord, la Table de concertation sur la pauvreté, aidée des paroisses, de certaines entreprises commerciales et de groupes bénévoles, a mis au point un système de collecte hebdomadaire de denrées non périssables.

---

47. Tiré du projet «Nourrir Montréal», Vivre Montréal en santé (1991).

En favorisant l'établissement de maisons des jeunes et de maisons pour femmes violentées.

Comme le déclarait Serge Paquin, conseiller municipal à la Ville de Sherbrooke, lors du colloque 1994 du Réseau québécois de Villes et Villages en santé : « ...les municipalités ne doivent plus craindre de s'engager dans des relations de collaboration avec les organismes communautaires ». La Ville de Sherbrooke a compris qu'il y a beaucoup plus à gagner qu'à perdre en travaillant en concertation avec les groupes communautaires et en les soutenant, pour le mieux-être des citoyens.

6.5.5 À l'égard de l'inspection des aliments

En prescrivant, lorsque l'inspection des aliments est une responsabilité de la municipalité, certaines règles de salubrité de la municipalité et certaines règles de salubrité concernant les aliments utilisés par les restaurants et les hôtels situés sur son territoire.

En incitant les restaurateurs de la municipalité à développer des menus santé.

6.5.6 Et plus encore... pour rendre les citoyens plus heureux de vivre en société

En favorisant la mise en place et le fonctionnement de groupes d'intérêts communautaires soutenant des objectifs de santé (conditionnement physique, clubs de marche, préparation à la retraite, etc.).

À Beauport, on facilite l'intégration des ex-psychiatrisés du Centre hospitalier Robert-Giffard par la concertation entre le milieu et l'hôpital. Ceux qui le désirent peuvent effectuer des travaux légers dans les différents parcs de Beauport et obtenir ainsi un accès gratuit à différents services de loisirs de la ville (piscine, gymnase, etc.). Les cercles de Fermières participent également à ce projet en offrant des cours de cuisine aux ex-bénéficiaires vivant maintenant de façon autonome.

À Sainte-Anne-de-Portneuf, sur la Côte-Nord, il existe un projet de cuisine collective où les gens sont invités à bâtir des menus aussi variés que possible, à partir des spéciaux offerts dans les centres d'alimentation. Un tel projet permet de renseigner les gens défavorisés sur la façon d'acheter, de planifier et de préparer les repas.

À Dégelis, dans le Bas-Saint-Laurent, on a soutenu la création d'un club santé regroupant des personnes bénévoles qui offrent des activités comme des dîners communautaires, de l'exercice physique et des activités de loisir social.

Dans plusieurs municipalités, on a mis à la disposition des citoyens des espaces pour la réalisation de jardins communautaires.

En favorisant l'autonomie des aînés et le maintien à domicile.

Avec un peu d'imagination, la municipalité peut apporter son appui au travail d'autres partenaires pour trouver des services adaptés originaux :

- restaurants accrédités accueillant les personnes âgées en dehors des heures de pointe et offrant des repas à prix modique ;

- service de livraison à domicile de repas congelés ou chauds ;

- formule de parrainage ou d'accompagnement par des bénévoles pour faire l'épicerie ;

- outils d'information sur l'achat des aliments, la valeur nutritive et les suppléments ;

- gardiennage pour personnes ne pouvant se déplacer, accordant ainsi un répit aux aidants naturels.

À Sillery, dans la région de Québec, on a ouvert un service d'information à l'intention des aînés. On veut ainsi améliorer leur qualité de vie afin qu'ils demeurent le plus longtemps possible actifs dans leur milieu. Ce service offre de l'information sur la santé, l'alimentation, les services et soins à domicile, l'habitation, le transport, les droits et la législation, l'aide financière, la sécurité et les loisirs.

À Montréal, on a établi des bureaux de quartiers facilement accessibles aux aînés.

À Beauceville, on a mis en place un réseau de soutien aux personnes âgées qui procure un support moral et physique aux aînés dans le besoin. Il assiste la personne âgée lors d'occasions spéciales (anniversaires, rendez-vous, etc.). Un tel projet favorise l'intégration sociale.

À La Doré, il existe un réseau d'assistance téléphonique où des personnes bénévoles communiquent périodiquement avec les personnes âgées vivant seules.

À Jonquière, au Saguenay, on organise des ateliers d'information sur l'usage des médicaments pour diminuer les abus et les mauvaises utilisations de ceux-ci chez les aînés.

En améliorant la qualité de vie des personnes handicapées.

À Westmount, on a produit un répertoire des services présents dans la municipalité qui sont facilement accessibles aux fauteuils roulants et aux voitures d'enfant.

En collaborant avec la Direction de santé publique[48], le Centre de santé et de services sociaux (CSSS) ou d'autres partenaires du milieu pour réaliser des actions favorisant la santé des citoyens.

À Montebello, on a décidé d'offrir une formation en réanimation cardio-respiratoire aux quinze pompiers volontaires. C'est le service de sécurité du Château Montebello qui a donné cette formation.

Toujours à Montebello, avec l'aide du CLSC de la Petite-Nation, on a réalisé une collecte des médicaments périmés. Le but de cette opération était de sensibiliser les citoyens aux précautions à prendre avec les médicaments.

À Beauport, avec le soutien du Centre de santé publique de Québec, la ville a intégré des menus santé lors de ses réceptions officielles, conférences de presse et soirées des employés.

À Montréal, la Ville a adopté un règlement obligeant certains lieux publics comme les bars, les salles de danse, les discothèques, les brasseries, les salles d'amusements et certains édifices municipaux à poser des affiches sur la prévention du sida.

En encourageant la formation de groupes d'entraide.

À Pintendre, la Municipalité soutient techniquement un service d'entraide dont l'objectif est de venir en aide aux personnes en difficulté par des services d'écoute, de transport et de gardiennage. Fait à souligner, ce service s'est maintenu après la fusion de Pintendre avec Lévis.

À Jonquière, la Ville a facilité l'implantation d'un mécanisme de communication entre un groupe de mères de jeunes enfants dont les ressources sont limitées et un groupe de personnes âgées désireuses de s'adonner à des activités d'entraide et d'échange.

---

48. Ancien département de santé communautaire (DSC).

6.6 LES LOISIRS ET LA CULTURE

Cette fonction regroupe les interventions en matière de loisirs et de culture contribuant à l'épanouissement de la population. À ce titre, la municipalité peut être appelée à assurer l'exploitation et l'entretien de centres communautaires, de patinoires intérieures et extérieures, de piscines, de plages et de ports de plaisance, de parcs et de terrains de jeux, d'expositions et de foires, de bibliothèques, et de toute autre activité touchant les loisirs et la culture. Attardons-nous maintenant aux manières concrètes d'entreprendre des actions favorables à la qualité de vie des citoyens en matière de loisirs et de culture.

6.6.1 À l'égard du loisir en général

En adoptant une politique qui favorise le loisir familial.

Kino-Québec a mis en place, en collaboration avec le Regroupement québécois du loisir municipal, un programme d'activités conçu pour la famille que l'on nomme « Famille au jeu ». L'idée d'un tel programme est née du constat suivant : les adultes attendent souvent passivement leurs enfants pendant que ceux-ci participent à des activités physiques ou à des activités de loisir. « Famille au jeu » offre aux municipalités une démarche leur permettant de développer des services mieux adaptés aux réalités des familles de leur territoire.

En développant le loisir sous tous ses aspects, autant sportif que culturel, afin de permettre à la population de s'épanouir à tous ces points de vue.

En signant des ententes avec les commissions scolaires pour rendre un plus grand nombre d'équipements disponibles à la population, tout en évitant de dédoubler les installations déjà existantes dans la communauté.

En adoptant une politique de tarification du loisir qui soit équitable, favorisant les citoyens de la municipalité, mais permettant aussi l'accueil des citoyens d'autres municipalités.

En encourageant les organisations qui s'adressent à de petites clientèles à s'autofinancer, afin que la ville puisse investir davantage d'énergie pour répondre aux besoins des grandes clientèles.

En développant des ententes intermunicipales pour réduire les coûts et augmenter la qualité des services.

6.6.2 À l'égard de la participation des citoyens aux décisions touchant les loisirs et la culture

En créant des comités de loisirs ou d'autres comités impliquant des citoyens, afin d'être continuellement à l'écoute des besoins de la population.

En favorisant la formation de groupes de lecture, de sport, de théâtre et de musique afin de maintenir un bon dynamisme à l'intérieur de la municipalité.

À Dégelis, il existe un comité culturel formé de bénévoles qui organise des activités telles que des pièces de théâtre, des contes pour enfants ou des brunchs musicaux.

À Saint-Camille-de-Lellis, dans la région de Chaudière-Appalaches, l'équipe du P'tit Bonheur, avec l'aide de la Municipalité, a acheté l'ancien magasin général et l'a rénové afin d'offrir des services communautaires et culturels. On y donne des spectacles. On y accueille aussi la popote roulante qui est entièrement gérée par les aînés du village et on parraine les activités du regroupement des jeunes.

À Jonquière, on a décidé de promouvoir l'alphabétisation en mettant à contribution les organismes communautaires en matière de promotion et de recrutement de la clientèle.

En développant une stratégie d'implantation de parcs de secteur favorisant la vie communautaire par l'implication directe des citoyens dans la surveillance et l'entretien.

En invitant les retraités à s'impliquer dans les projets municipaux. Nos aînés ont un bagage extraordinaire de connaissances, d'expériences et d'expertises qu'ils sont souvent heureux de faire partager à leur communauté.

En élaborant une politique de reconnaissance pour la contribution à l'évolution de la vie communautaire, afin de développer l'esprit d'appartenance et l'action bénévole.

À Fermont, on rend hommage annuellement à des personnes de la communauté qui, par leur façon d'être, font grandir les autres.

À Beauport, on reconnaît publiquement l'implication des membres de la communauté tels les citoyens, les organismes et les entreprises, qui contribuent au mieux-être de la collectivité.

6.6.3 À l'égard des centres de loisirs, parcs et terrains de jeux

En développant des centres de loisirs qui répondent vraiment aux besoins des citoyens.

À Sherbrooke, on a créé une place de loisirs pour les 14-17 ans dans une partie de la gare du CN devenue vacante à la suite de la réduction des activités ferroviaires. Une coalition des organismes jeunesse et un sondage auprès des jeunes ont permis de créer un lieu «interdit aux plus de 18 ans», sans alcool, situé au centre-ville, dans le but d'améliorer la sécurité des jeunes tout en respectant leur style de vie.

En favorisant une politique de développement de la forêt urbaine, afin de rendre les citoyens plus fiers de leur milieu et plus conscients de l'importance de la nature comme élément de qualité de vie.

À Longueuil, il existe un réseau vert, incluant des voies cyclables et piétonnières pour relier les pôles de développement et les parcs. Ce réseau comprend le Parc régional, la Promenade René-Lévesque et un lien avec Montréal par navette fluviale.

En axant sur la participation, le plein air et la sécurité.

À Hull, on a réalisé une campagne de promotion du port du casque à vélo. On a également sensibilisé les citoyens aux mesures de sécurité à prendre autour des piscines privées.

À Gallix, sur la Côte-Nord, on a organisé des activités dans les parcs et sur les plages afin d'initier les gens à la vie en plein air.

En évaluant et en améliorant la sécurité aux abords des écoles, des aires de jeux et des résidences.

6.6.4 À l'égard des bibliothèques, des centres culturels et des musées

En favorisant l'implantation d'une bibliothèque municipale en milieu scolaire. La participation d'un comité de bénévoles au fonctionnement d'un tel projet est également souhaitée.

À Pintendre, on a construit un centre socioéducatif incluant une nouvelle école, un centre communautaire et la bibliothèque municipale. Ce projet s'est réalisé grâce à la collaboration de la commission scolaire et des ministères de l'Éducation et des Affaires culturelles.

À Beauceville, la Ville a soutenu activement le travail du comité qui a mené à bien la réalisation d'un auditorium scolaire-municipal dans la communauté.

En adhérant à la Bibliothèque centrale de prêt ou en s'affiliant à d'autres bibliothèques municipales afin d'augmenter l'inventaire de volumes disponibles pour les citoyens.

En rendant la culture de plus en plus accessible grâce à des expositions permanentes de photos anciennes ou à des expositions archéologiques.

6.7 L'URBANISME ET LA MISE EN VALEUR DU TERRITOIRE

Cette fonction s'articule autour de l'urbanisme et du zonage (aménagement du territoire, règlements de zonage, émission des permis de construction, etc.), de la rénovation urbaine et de la restauration (mise en valeur des vieux secteurs...), du logement et de la promotion des activités touristiques (service de guides, service pour la tenue de congrès...). Examinons quelques secrets d'une réussite en matière d'urbanisme et d'aménagement du territoire.

6.7.1 À l'égard de l'urbanisme et du zonage

En adoptant un plan d'urbanisme prévoyant une répartition sécuritaire entre les secteurs industriels, commerciaux et résidentiels et en tenant compte des besoins des citoyens en matière de qualité de vie.

À Sherbrooke, on a consulté la population avec soin avant d'adopter le plan d'urbanisme de manière à tenir compte de ses besoins réels. Fait à noter, on a procédé à une démarche distincte de consultation pour chacune des fonctions devant faire partie du plan d'urbanisme (parcs et espaces verts, résidentiel, commercial, industriel, environnement). Ensuite, on a mis en relation les résultats obtenus pour ces différentes fonctions. Ces consultations ont été menées auprès:

- d'informateurs-clés, tels que la Société d'habitation du Québec et la Société du patrimoine, qui avaient ensuite le mandat de rédiger la partie du plan se rattachant à leur champ de compétences;

- de groupes de discussion, auxquels ont participé des représentants d'organismes communautaires et de différentes associations;

- de nombreux citoyens.

Ce processus aura permis aux Sherbrookois de bien choisir les orientations, les stratégies et les programmes susceptibles de résoudre les problèmes identifiés sur le territoire. Il aura également permis au service de l'urbanisme de rédiger un plan qui soit clair et précis tout en étant bien vulgarisé et accessible à tous.

À Pointe-Claire, dans la région de Montréal, on a établi un programme particulier d'urbanisme pour le territoire de la Baie de Valois. Sept objectifs santé sous-tendent ce programme :

- Répondre aux besoins des clientèles pour certains types de logements en structures multifamiliales ;
- Inciter les citoyens à participer au processus décisionnel ;
- Protéger et mettre en valeur le patrimoine ;
- Faciliter l'accès à des équipements de sport et d'activités de plein air ;
- Contrôler la pollution par le bruit ;
- Contrôler les effets du vent ;
- Permettre l'ensoleillement des nouvelles habitations et celui des autres.

À Verdun, dans la région de Montréal, on a créé un comité intersectoriel réunissant les forces vives du milieu pour s'attaquer aux problèmes socioéconomiques, d'aménagement et de développement de la ville. La coordination de ce comité a été confiée au service d'urbanisme de la ville.

À Hull, on a adopté un plan d'urbanisme ciblé sur les besoins des familles. On y traite notamment de l'environnement, de la gestion efficace des ressources du milieu, de la rénovation, du développement des terrains vacants, de l'aménagement de pistes cyclables, du transport en commun et de l'aménagement de parcs en fonction des besoins des différents groupes d'âge de la population.

En adoptant une norme minimale concernant la grandeur des terrains résidentiels favorisant la vie familiale.

En favorisant un aménagement de rues prévenant les risques reliés à la circulation et à la vitesse excessive.

Une étude[49] réalisée à la demande du DSC Lakeshore[50], dans la région de Montréal, suggère une vitesse de 30 km/h dans les quartiers résidentiels et de 50 km/h sur les rues collectrices et les artères. Cela permet de tenir compte des différents rôles des voies de circulation : passage pour les véhicules, lieu de rencontre pour les voisins, terrain de jeux pour les enfants et piste cyclable. L'étude recommande également d'apporter certains aménagements à la forme des rues (courbes, îlot de verdure central, étranglements) afin de garder continuellement les conducteurs en alerte.

En exigeant que les plans d'aménagement des secteurs prévoient des parcs et des lieux publics où les gens peuvent se retrouver.

En prévoyant aux règlements de construction que les édifices publics soient adaptés aux besoins des personnes à mobilité réduite.

En vulgarisant bien le plan d'urbanisme et en adoptant une méthode de divulgation des informations qui reflète la transparence de celles-ci.

6.7.2 À l'égard de la promotion et du développement industriel

En mettant en place un organisme favorisant l'implantation d'industries et de commerces dans les secteurs réservés à cette fin, afin de développer un bassin d'emplois relativement près des lieux de résidence et ainsi favoriser la vie familiale.

En adoptant des normes concernant l'apparence extérieure des bâtiments commerciaux ou industriels et un minimum d'aménagement paysager. De cette manière, le parc industriel ne viendra pas masquer le charme de la ville ou du village, mais viendra plutôt le compléter.

6.7.3 À l'égard de la rénovation urbaine et de la restauration

En organisant des programmes de rénovation pour améliorer la qualité des logements, afin que les quartiers ne dépérissent pas. De tels programmes peuvent également permettre aux citoyens de se procurer des matériaux à bon prix, étant donné que la présence de plusieurs

---

49. Ashby-Noël, Diane (1991). Guide de réflexion sur l'intégration de la dimension santé dans un plan d'urbanisme.

50. Ce DSC est maintenant rattaché à la direction régionale de santé publique (DRSP) de Montréal.

personnes désirant faire les mêmes rénovations en même temps permet l'achat en groupe.

En mettant sur pied des programmes d'embellissement des propriétés.

À Baie-Saint-Paul, dans la région de Québec, un citoyen a proposé d'embellir et de restaurer la cour arrière des maisons du village. Étant donné que c'est un lieu de vie qui est visible de la rue voisine, l'arrière se doit d'être aussi beau que la façade.

En exigeant la présence d'un conteneur pour les déchets lorsqu'il y a démolition.

En adhérant à des programmes comme « Rues Principales », afin que l'artère centrale demeure toujours attrayante et bien vivante.

En impliquant les citoyens dans la décoration des rues pendant l'été en leur fournissant par exemple des fleurs, des arbustes ou des arbres, à charge d'entretien par les citoyens.

En participant au concours des Villes, Villages et Campagnes fleuris.

En préservant le patrimoine.

Plusieurs municipalités ont adopté un règlement afin que les bâtiments historiques conservent ou améliorent leur caractère patrimonial.

En recourant, lorsque nécessaire, au règlement sur les nuisances publiques.

6.7.4 À l'égard du logement

En mettant en place une politique favorisant clairement le logement familial.

En favorisant des politiques d'habitation qui tiennent compte du vieillissement de la population, afin de maintenir le plus longtemps possible les personnes âgées ou en perte d'autonomie dans leur milieu de vie.

À Baie-Comeau, sur la Côte-Nord, on a intégré dans le règlement de zonage des normes permettant un changement d'utilisation d'une résidence unifamiliale pour répondre aux besoins évolutifs des familles.

À LaSalle, dans la région de Montréal, on a procédé à l'évaluation du bassin des logements du territoire pouvant répondre aux besoins des aînés.

À Sherbrooke, on a conçu un guide sur les besoins des aînés en matière d'aménagement des logements, afin de sensibiliser les architectes, les constructeurs et les promoteurs à ces besoins.

À Jonquière, on a mis sur pied un programme de jumelage des personnes partageant une même unité d'habitation. Il s'agit d'associer des personnes aux traits de caractère compatibles dans le but de leur assurer un séjour durable et agréable.

En facilitant l'accès au logement aux personnes moins fortunées, par exemple par la mise sur pied d'offices municipaux d'habitation ou de coopératives d'habitation.

6.7.5 À l'égard de la promotion des activités touristiques

En développant le plein potentiel de notre ville ou village.

En créant une corporation de développement touristique.

À Laniel, dans la région Abitibi-Témiscamingue, un citoyen a décidé de vendre le froid et la neige aux touristes français, en leur faisant revivre la grosse misère qu'ont connue leurs ancêtres venus s'établir en Nouvelle-France.

La municipalité de Cacouna, dans le Bas-Saint-Laurent, a remporté le prix Jean-Marie-Moreau de l'UMRCQ en 1994 pour son projet d'implantation d'un circuit regroupant vingt-huit sites historiques sur son territoire. C'est un projet qui sert à la fois la population locale et le développement touristique et économique de la région.

6.8 LA DETTE ET LE FINANCEMENT DES ACTIVITÉS

Cette fonction concerne les engagements financiers de la municipalité. Elle comprend le rachat des obligations, le remboursement de la dette, les prêts, les intérêts et les frais de refinancement, les transferts des autres gouvernements, les moyens entrepris pour financer les activités. Elle touche donc directement la santé financière de la municipalité. Voyons quelques moyens de préserver cette santé financière.

6.8.1 À l'égard de la protection du potentiel fiscal et du respect des engagements financiers

En mettant en place une politique qui favorise clairement le développement économique durable.

À Contrecœur, en Montérégie, on a visité de nombreuses entreprises pour mieux connaître et documenter les emplois offerts sur le territoire.

À Girardville, au nord du Lac-Saint-Jean, le Comité du Mieux-Vivre a mis sur pied un comité conjoint qui favorise les initiatives de développement local. Il y a maintenant plus d'emplois que de citoyens à Girardville pendant certaines périodes de l'année et la municipalité connaît une nouvelle croissance de sa population.

À Dégelis, on a instauré un programme de subventions à la construction, sous forme de crédits de taxes foncières accordés aux secteurs résidentiel, commercial et industriel. On compte sur ce programme pour créer de l'emploi et atténuer les effets de la récession.

En planifiant de façon très sérieuse le financement des infrastructures afin de respecter la capacité de payer des citoyens et de contrôler ainsi l'évolution du coût du logement.

En maintenant à niveau très bas la portion du budget prévue pour la dette, à l'aide d'un plan directeur de l'endettement.

À Pintendre, on a changé la stratégie relative au financement des infrastructures, en forçant les développeurs à payer comptant. Cela a permis de soulager la dette et ainsi de réduire la portion du budget affectée au remboursement de celle-ci.

En exécutant les travaux lorsque les taux d'intérêt sont bas, afin d'économiser.

En évaluant les impacts possibles des projets envisagés, afin de bien savoir dans quoi on s'embarque (par exemple par des études de faisabilité financière).

À Saint-Hubert, au sud de Montréal, on a élaboré un outil permettant d'analyser la capacité d'investissement d'année en année et d'évaluer la marge de manœuvre. Un tel outil permet de connaître le moment propice aux investissements.

CHAPITRE 7

Développer une municipalité... pour le mieux-être d'une communauté

L a qualité de vie des citoyens d'une municipalité passe aussi par le développement économique de la ville ou du village qu'ils habitent. Quand l'économie ne va pas, rien ne va... C'est tellement vrai que les conclusions du rapport de la Commission d'enquête sur les services de santé et les services sociaux, présidée par Jean Rochon, affirment que l'achalandage des hôpitaux se nourrit de la hausse des problèmes sociaux dans les communautés, ce qui porte à croire que plusieurs problèmes de santé pourraient être résolus par le développement économique, social et culturel des municipalités du Québec. Alors, qu'attendons-nous?

7.1 PAR LE DÉVELOPPEMENT ÉCONOMIQUE

Selon le troisième rapport sur le développement, produit par le Conseil des affaires sociales du gouvernement du Québec, «Un Québec solidaire», le progrès de notre société passe par un engagement accru de la population.

> Afin d'assumer leur développement et de faire progresser leur société, les Québécoises et les Québécois doivent s'investir, se donner tous les pouvoirs individuels, communautaires et nationaux qui leur permettront de réussir en toute solidarité. [...]. De même, ils doivent mettre à contribution et développer, individuellement et collectivement, le plus grand capital qu'ils possèdent, c'est-à-dire leurs compétences[51].

Le vrai développement économique est celui qui procure une valeur ajoutée à l'économie municipale. Les municipalités doivent se prendre en mains afin d'ajouter une plus-value à leur communauté. Pour ce faire, les villes et les villages doivent rêver et tout mettre en œuvre pour réaliser leurs rêves. En mettant sur pied de petits projets économiques diversifiés sur son territoire, une municipalité peut exercer un meilleur contrôle sur son destin et ainsi mieux influencer son développement.

---

51. Conseil des affaires sociales (1992). «Un Québec solidaire», p. 173.

Par exemple, à Saint-Cyprien, le rêve a supprimé le chômage! C'est le titre d'un article paru le 5 juillet 1992 dans le quotidien *Le Soleil*. À Saint-Cyprien, les gens ne chôment pas et les jeunes ne s'exilent plus vers les grands centres urbains. C'est un des rares villages du Bas-Saint-Laurent qui peut se vanter d'une telle situation. Pourquoi? Parce que cette communauté est munie d'un dynamisme à toute épreuve; sa réussite est fondée sur la confiance et le partenariat des leaders du milieu. Saint-Cyprien a été le premier village à implanter un parc industriel en milieu rural à Québec; en 1992, 55 pour cent des espaces y étaient loués. La communauté pouvait également profiter d'une économie diversifiée: des entreprises comme AMT Moulage sous pression, le Centre de service et de réadaptation Paul-Coulombe et le Groupement forestier et agricole Taché donnaient ensemble de l'emploi à 150 personnes et on retrouvait en plus une trentaine d'entreprises acéricoles. Beaucoup de travail pour un village de 1 300 habitants! Mais Saint-Cyprien n'avait pas encore dit son dernier mot, car on mijotait alors un projet de centre de vacances et d'apprentissage de loisirs pour les personnes atteintes de déficience intellectuelle, psychique et physique habitant le vaste territoire couvert par les régions de Québec, du Bas-Saint-Laurent, de la Gaspésie et de la Côte-Nord. La réalisation de ce projet a donné naissance à une véritable histoire à succès: l'auberge La Clef des Champs, qui a reçu le Grand Prix d'Excellence de la Régie régionale du Bas-Saint-Laurent en 1994.

Rien n'a semblé pouvoir arrêter les leaders de ce milieu qui croyaient vraiment en leur possibilité de développement. Les gens de Saint-Cyprien avaient décidé d'agir avec vision. D'abord, la corporation municipale s'est structurée de manière à être efficace. Elle s'est organisée autour de quatre comités moteurs travaillant en concertation avec les gens du milieu et touchant respectivement les loisirs, le développement économique, le développement touristique et l'urbanisme. Quarante leaders se sont impliqués et ont assumé des rôles spécifiques; le développement à Saint-Cyprien n'a pas été laissé au hasard, on s'en est occupé, et les résultats ont été concluants. Il y a eu augmentation constante des permis de construction, les médias ont fait de cette communauté un «success story» municipal et l'école primaire du village a continué d'accueillir, bon an mal an, plus de 125 élèves, et ce, dans un contexte où la natalité était à la baisse partout au Québec. Voilà une histoire à faire rêver...

À l'heure où les gouvernements supérieurs ont de moins en moins d'argent à investir pour le développement économique, les municipalités doivent imaginer d'autres moyens pour parfaire leur développement. Certaines villes et certains villages **ont renversé la pyramide** pour y arriver. Au lieu d'attendre que les ressources financières viennent d'en haut, ils sont allés les chercher à la base, chez leurs citoyens.

L'expérience de Saint-Éphrem-de-Beauce[52], dans la région de Chaudière-Appalaches, rend bien compte de ce phénomène. En 1974, l'usine Jos-Côté inc. ferme ses portes et déménage à Saint-Georges, alors que deux autres entreprises éprouvent de sérieuses difficultés. Les gens sont bouleversés. Beaucoup de maisons sont à vendre à des prix dérisoires. Saint-Éphrem ressemble de plus en plus à un village fantôme. C'est alors qu'un notaire de la municipalité décide d'agir pour sauver le village et la paroisse qui l'entoure. Il crée un comité de survie composé des deux conseils municipaux (Saint-Éphrem Village et Saint-Éphrem Paroisse) et de quelques citoyens bien résolus à faire sortir leur communauté de sa torpeur. Après analyse de la situation, le comité conclut que la relance du développement économique de Saint-Éphrem doit reposer sur sa richesse première : la qualification de sa main-d'œuvre. À la même époque, des investisseurs sérieux se montrent à l'horizon avec le projet d'implanter une usine spécialisée dans l'équipement de scierie, soit le même domaine que l'entreprise qui vient de quitter le village. Il s'agissait là d'une bonne idée qui permettait aux ex-employés de Jos-Côté inc. de retrouver du travail assez rapidement, sans trop de dépaysement. Le seul problème qui freinait le projet était le manque de capitaux. C'est à ce moment que le notaire et le comité de survie entreprennent une souscription auprès de la population : en un seul soir, 350 personnes (sur une population d'environ 1 000 habitants) investiront 150 000 dollars ! Ce geste montre bien à quel point la communauté de Saint-Éphrem croit au potentiel de ses travailleurs. Le lendemain, les travaux commencent et quelque temps plus tard l'usine embauche cinquante personnes qualifiées. Tranquillement, l'espoir revient...

Mais l'histoire ne finit pas là ! Peu après, un autre investisseur présente un projet au comité de survie. Cette fois, c'est une entreprise produisant de la fibre de verre qui a besoin de fonds pour construire un bâtiment à l'épreuve du feu. On sollicite encore une fois la population, qui ne craint pas d'investir dans son développement économique et achète des

---

52. Conseil des affaires sociales (1992). « Un Québec solidaire », p. 26-28.

actions privilégiées pour 50 000 dollars ! Elle n'a pas eu tort puisqu'en 1992, l'entreprise René-Fibre de Verre employait 122 travailleurs et exportait ses produits à l'extérieur du Québec. Depuis ce temps, Saint-Éphrem a accueilli 12 nouvelles entreprises qui lui procurent plus de 400 emplois. Vingt ans après la création du comité de survie, la communauté de Saint-Éphrem-de-Beauce, qui a su puiser sa force dans sa population, est fière de ses bons coups et elle est convaincue qu'il est possible de réaliser des projets d'envergure... quand on a la volonté d'entreprendre.

Peut-on parler encore aujourd'hui de **développement économique** sans parler de concertation locale ? Une municipalité peut-elle envisager de se développer toute seule ? Peut-elle encore concevoir qu'elle n'a aucun rôle à jouer en matière de développement économique ? Plusieurs villes et villages ont compris que les réponses à ces questions sont négatives. Elles ont aussi compris que c'est grâce à la solidarité des membres de leur communauté et un partenariat accru avec les entreprises publiques et privées qu'elles arriveront à **faire plus avec des ressources financières de plus en plus limitées.**

Solidarité et partenariat, voilà les valeurs qui ont permis à La Guadeloupe, dans la région de Chaudière-Appalaches, de se doter d'une structure économique solide en moins de six ans. Selon un article paru dans l'édition du 18 juin 1992 du *Journal de Québec*, la formule gagnante de La Guadeloupe doit beaucoup à la communication. Tout le monde a compris que l'entrepreneur ne peut pas tout faire tout seul : la solidarité est primordiale.

C'est pourquoi, afin de relancer son développement, cette municipalité beauceronne de 1 700 résidents a créé la Société de développement industriel de La Guadeloupe. Le modèle mis en place repose sur trois stratégies : la concertation locale, l'implication continuelle de la municipalité dans les dossiers et enfin des démarches originales de financement et de soutien des entreprises ; la municipalité joue un rôle dans tous ces aspects.

- Au plan administratif, elle soutient les activités administratives de la Société par le biais de son secrétariat municipal.

- Au plan financier, elle absorbe une partie des coûts du démarreur industriel.

- Au plan politique, elle promeut des valeurs de développement, de risques et d'implication auprès de sa communauté.

- Au plan décisionnel, elle participe à toutes les analyses de dossiers présentées à la Société.

Avec un tel mécanisme, la communauté de La Guadeloupe a réussi à regrouper ses forces industrielles, institutionnelles et financières autour d'une volonté commune de développement industriel. Cela lui a permis de créer des fonds d'investissement locaux capables d'injecter du capital de risque dans une entreprise et d'utiliser l'épargne locale comme levier d'investissement dans des immeubles industriels. Par le soutien qu'elle apporte à la mise en marché et à l'exportation, elle encourage les entreprises à aller de l'avant et stimule ainsi l'économie locale.

Cette communauté a su développer une culture d'entrepreneuriat et de concertation qui lui a permis d'utiliser les forces vives de son milieu pour changer son image. En 1992, en pleine crise économique, La Guadeloupe comptait 40 entreprises et plus de 120 commerces fournissant de l'emploi à plus de 500 personnes; elle affichait un taux de chômage inférieur à 3 %, alors que la moyenne provinciale se situait autour de 11 %. Voilà un bilan assez positif qui place aujourd'hui La Guadeloupe parmi les lieux d'accueil privilégiés par les nouveaux entrepreneurs.

7.2 PAR LE DÉVELOPPEMENT LOCAL

Le développement économique permet, en somme, une amélioration de la **stabilité** et de la **santé** d'une ville ou d'un village. Mais une municipalité qui a à cœur le mieux-être de ses citoyens prend vite conscience qu'à elle seule, l'économie ne peut pas tout régler. Non seulement les citoyens recherchent un milieu qui les soutient économiquement, mais aussi un milieu qui participe à l'amélioration ou au maintien de leur qualité de vie, qui est stimulant au niveau socioculturel et qui collabore à l'épanouissement de la communauté. C'est ainsi qu'on en arrive à parler de développement global ou encore, de développement local.

Robert Sauvé, conférencier au 5e Colloque annuel du Réseau québécois de Villes et Villages en santé, donne du développement local la définition suivante:

> C'est un processus par lequel les intervenants et les intervenantes d'un territoire exercent la maîtrise des structures et des leviers nécessaires à influencer et même à élaborer le devenir de leur milieu dans le sens d'un mieux-être collectif[53].

Inspiré par la théorie de Bernard Vachon[54], Robert Sauvé dégage certains principes qui viennent préciser cette notion. Le développement local est particulier à chaque milieu; il n'y a pas de recette unique. Ce sont les individus qui alimentent le développement, et non les infrastructures, les techniques ou les équipements. Chaque acteur est appelé à jouer un rôle actif dans la prise en charge de son milieu. Le développement local comprend le développement économique, social et culturel; il ne se limite pas qu'à une seule dimension. De plus, on n'a pas besoin de monter d'énormes projets pour réussir: un petit projet bien structuré est souvent très bénéfique.

La Ville de Verdun a été parmi les premières à s'engager dans ce type de démarche avec son forum économique, créé en 1991, sur le thème du développement local communautaire durable. Pour les décideurs de Verdun, ce forum qui est un processus continu, se concrétise par:

> Une concertation locale entre des institutions et des organismes de divers secteurs de l'économie, de l'éducation, du développement urbain et de la santé, qui considèrent que des potentiels importants restent inexploités à cause de l'isolement administratif dans lequel chacun s'enferme trop souvent et aussi du manque de vision commune nécessaire à une collaboration efficace[55].

En pratique, c'est le résultat d'une complicité étroite entre la Ville de Verdun, la Commission scolaire, la Chambre de commerce LaSalle-Verdun, la Société d'initiative de développement des artères commerciales (SIDAC) Promenade Wellington, le Messager de Verdun, le Centre d'emploi du Canada, le Centre Travail-Québec, le Conseil verdunois d'initiative et d'intervention communautaire et l'Unité de santé publique de Verdun. Cette équipe a réussi, malgré des intérêts parfois divergents, à se mobiliser pour le mieux-être de sa communauté. Depuis les débuts, plusieurs projets ont germé:

---

53. Robert Sauvé. *Notes pour la communication de monsieur Robert Sauvé prononcée dans le cadre du colloque du Réseau québécois de Villes et Villages en santé*, Rouyn-Noranda, 16 septembre 1993, p. 5.

54. Auteur du livre *Le développement local – théorie et pratique* avec la collaboration de Francine Coallier, Éditions Gaëtan Morin, 1993.

55. Forum Économique de Verdun (1993). *Résolutions des États généraux du 11 mai 1993*, p. 4.

- l'organisation d'un colloque en février 1992, qui a donné l'occasion d'échanger et de réfléchir sur la situation de Verdun et sur le potentiel de la communauté;

- la réalisation d'une consultation populaire auprès des jeunes, des aînés, des représentants institutionnels, des regroupements d'hommes d'affaires, des commerçants, des professionnels et des groupes communautaires;

- la mise en place d'un Conseil des Aînés et d'un Conseil des Jeunes;

- la tenue d'États généraux, en mai 1993, qui ont permis à près de 200 participants de dégager des consensus sur des priorités de développement pour la communauté verdunoise;

- l'ouverture dans les locaux de l'hôtel de ville, d'info-PME Verdun, un centre d'information destiné aux entreprises et aux gens d'affaires afin de rassembler au même endroit les renseignements susceptibles de leur faciliter la tâche;

- la constitution d'une banque de données sur les entreprises verdunoises;

- la création du «Rendez-vous mondial du cerf-volant», un événement devenu annuel, qui a attiré plus de 100 000 visiteurs à Verdun en 1994;

- la désignation du mois de novembre comme étant le «Mois du développement local à Verdun» et l'organisation de différentes activités;

- publication d'un cahier «Méritas» dans l'hebdomadaire local;

- soirée reconnaissance pour les personnes ayant contribué au développement de la communauté verdunoise;

- fête populaire et spectacle à l'auditorium local, avec pour prix d'entrée deux boîtes de conserve, afin de constituer des paniers de Noël pour les familles démunies.

Les priorités identifiées aux États généraux de mai 1993 ont conduit à des résolutions qui se traduisent par l'engagement des citoyens et des agents locaux concernés dans des actions visant le développement économique, la qualité de vie du milieu, le développement socioculturel et le développement communautaire.

Dans cette foulée, en septembre 1993, le Forum économique de Verdun lançait un concours Méritas annuel sous le thème « Je m'implique à Verdun et ça va changer ». Croyant fermement en l'importance de valoriser les réalisations du milieu, ce concours vise à susciter, à encourager et à mettre en évidence des actions concrètes en lien avec le développement local et les priorités établies lors de la consultation populaire. À la première année de ce concours, les organisateurs ont reçu 82 projets provenant de citoyens, de gens d'affaires (commerçants, industriels et professionnels), de groupes communautaires et de représentants institutionnels.

Un tel succès nous porte à croire qu'à Verdun, le développement local devient petit à petit l'affaire de tous et de chacun. Avec un tel projet, la Ville de Verdun a réussi à mobiliser toutes les forces vives de son milieu au profit de sa communauté.

En 1992, la Ville de Port-Cartier, première municipalité de la Côte-Nord à avoir développé un projet de Ville en santé, a elle aussi eu à se prendre en mains. C'était pour elle une question de survie!

Tout a commencé lorsque les actionnaires de la principale entreprise locale, fermée depuis août 1991, ont décidé de donner à un syndic le mandat de vendre la machinerie de leur usine. Une compagnie américaine se montra alors intéressée à cette acquisition, avec l'intention de déménager lesdits équipements. C'est alors que le milieu décida d'intervenir: les employés ne voulaient pas que la machinerie quitte Port-Cartier, car ils savaient très bien que tout espoir de retrouver leurs emplois partirait avec elle. Ils décidèrent d'occuper l'usine afin d'éviter ce drame.

De leur côté, la Ville, la Corporation de développement économique et la MRC de Sept-Rivières choisirent de mettre leurs idées ensemble afin de trouver une solution pour que le projet soit pris en mains par de nouveaux entrepreneurs. La municipalité décida alors d'acquérir temporairement les actifs et le port en eaux profondes appartenant à l'entreprise, pour un montant de 9 700 000 dollars, tandis que la population acceptait une diminution en qualité et en quantité des différents services municipaux pour la durée de temps requis pour régler le problème. On procéda alors à des coupures systématiques. Au printemps de 1994, les actifs de l'entreprise étaient rachetés par des investisseurs privés et l'usine redémarrait ses activités au mois d'octobre suivant.

C'est la **solidarité du milieu** qui a sauvé les emplois de plusieurs. La communauté a choisi d'investir dans la protection de ses emplois. Port-Cartier a eu assez de vision pour réussir à contourner la menace qui l'envahissait et préserver ainsi la qualité du cadre de vie offert à ses citoyens. Consciente des effets positifs de la mobilisation de sa population, la nouvelle mairesse de Port-Cartier a remis à l'agenda municipal une vaste consultation selon le concept Villes et Villages en Santé. Le diagnostic et l'état des lieux, établis au cours de 2008, permettront de préparer un nouveau plan stratégique de développement global, prévu pour 2009.

Les initiatives des municipalités qui ont alimenté ce chapitre ont toutes pour toile de fond le souci d'offrir aux citoyens un milieu de vie où ils peuvent réaliser leurs attentes ; nous aurions pu donner bien d'autres exemples : Amos, Bedford, Bishopton, Contrecœur, Girardville, Lac-Mégantic, La Doré, Landrienne, la MRC de la Matawinie, Saint-Germain de Kamouraska, Saint-Jean-Port-Joli, Saint-Marc-du-Lac-Long, Saint-Pascal, Saint-Romuald, Scotstown. Toutes ces initiatives démontrent clairement que les municipalités peuvent s'engager activement dans le développement local et durable de leur communauté, dès maintenant, seules ou avec leurs voisines, sans attendre à tout prix l'aide des gouvernements supérieurs.

* * *

Avoir le citoyen en tête et agir en conséquence, c'est comprendre le vrai rôle d'une ville ou d'un village !

Conclusion

Nous voici rendus à la fin de ce périple, qui nous a permis de parcourir tous les aspects de la vie municipale, tout en en franchisant certains détours et obstacles à l'aide des instruments et inspirations du mouvement Villes et Villages en santé. Convaincus que des choix réfléchis et judicieux de structures, de politiques et de processus peuvent favoriser la création de milieux de vie propices au plein épanouissement des personnes vivant dans nos communautés, nous souhaitons que ce *vade-mecum* soit utile aux élus municipaux actuels et futurs, dans leur prise en charge du bien commun.

Rappelons que, selon l'approche préconisée dans *L'obsession du citoyen*, les édiles municipaux doivent faire preuve de trois grandes qualités dans la réalisation de leur mandat.

Une vision globale de l'administration municipale

Développer ce genre d'attitude suppose que l'élu s'intéressera à *tous* les aspects de la gestion de sa communauté. Il ne se prendra jamais pour un spécialiste, respectant ainsi les compétences des gestionnaires à qui il confie la mise en œuvre des décisions du conseil municipal. Toujours proactif, il concentrera son attention sur les enjeux auxquels font face les divers segments de la population qu'il représente. Il contribuera à identifier de grandes orientations favorables au développement harmonieux de la population du territoire et de la région sous la juridiction de sa municipalité. Il sera conscient que toutes les décisions auxquelles il participera auront un impact sur la qualité de vie des citoyennes et des citoyens de tous âges vivant actuellement – et dans le futur – au sein de la communauté qui l'a élu.

Une grande empathie et un sens inné de l'économie et de l'efficacité

La capacité d'écoute et d'attention aux besoins évolutifs des citoyens facilitera les choix que l'élu devra faire en tant que décideur municipal. Les plus faibles et les plus nécessiteux retiendront son attention de manière privilégiée, ce qui l'aidera à choisir les priorités qui guideront l'exécution de son mandat. La recherche constante de solutions simples, économiques et efficaces motivera ses choix de politiques et procédures à mettre en place au sein de l'administration municipale. La recherche du bien commun sera toujours sa préoccupation fondamentale lors de l'élaboration des solutions aux problèmes auxquels il devra faire face dans sa mission de serviteur de la communauté.

Une capacité à se remettre en question et à revoir ses choix

La vie des communautés est actuellement soumise aux aléas du changement perpétuel, que ce soit en matière d'économie, d'environnement ou des décisions des divers paliers gouvernementaux. Mais un fait demeure, la municipalité **est** le gouvernement le plus près du citoyen, lequel subit les impacts de toutes ces perturbations. L'élu local, normalement bien branché sur les besoins de sa population, devra donc être prêt à agir pour protéger et développer la qualité de vie de ses concitoyens. Certains services ou certaines activités pourraient ne plus répondre efficacement aux besoins, dans le contexte de changement où nous vivons. L'élu devra donc remettre en question sa façon de voir les choses et soumettre l'appareil municipal à une adaptation au nouveau contexte prévalant, faisant ainsi preuve d'une meilleure réponse aux attentes communautaires.

Nous souhaitons avoir réussi à vous convaincre que la municipalité et son appareil administratif, en complicité avec les organismes, entreprises et groupes d'intérêt qui les entourent, jouent un rôle primordial en ce qui a trait à l'amélioration continue de la qualité de vie des populations sous sa juridiction. Partant du principe que les citoyennes et les citoyens rêvent de réaliser leur plein potentiel, en fonction de l'environnement social, physique et économique prévalant dans leur milieu, nous espérons que notre interprétation de la vision de messieurs Hancock et Duhl[56] saura vous inspirer et vous encourager à poursuivre votre réflexion sur le rôle des édiles municipaux. Le Réseau québécois de Villes et Villages en santé peut vous aider à échanger des idées de stratégies d'intervention avec d'autres organisations municipales; d'autres comme vous se sentent aussi responsables de créer un monde et un avenir meilleurs.

---

56. Voir: http://www.rqvvs.qc.ca/reseau/mission.asp

Villes et Villages en santé – le concept

Paule Simard

1. LE CONCEPT DE VILLES ET VILLAGES EN SANTÉ

Après un bref historique du mouvement et une présentation du « modèle » québécois, on verra que VVS s'appuie sur une vision positive et holistique de la santé de même que sur une vision locale du développement.

1.1 Villes et villages en santé au Québec: une approche originale au sein d'un mouvement international

Le terme Villes et Villages en santé (Healthy Cities, Healthy Communities, Communautés en santé, et « VVS » pour le Québec) désigne plusieurs réalités, à savoir un concept, un mouvement, une approche, des réseaux et des projets. De très nombreuses régions et pays ont adopté cette approche depuis sa formulation dans les années 1980.

1.1.1 Une histoire récente avec des racines profondes

Le concept de VVS trouve ses racines tant au sein de la santé publique que de l'aménagement urbain. Alors qu'à la fin du xixe siècle, en Angleterre, les planificateurs urbains aussi bien que les gens de la santé commençaient à prendre en considération les conditions de vie comme éléments explicatifs de l'état de santé des populations (Ashton, 1994), le début du xxe siècle se caractérise par la domination d'un modèle biomédical des problèmes de santé publique. Ce n'est qu'à partir des années 1970 que l'on recommence à développer une vision écologique de la pratique de la santé publique.

La publication du rapport Lalonde en 1974, des travaux de McKeown en 1976 sur les facteurs d'amélioration des conditions de vie en Angleterre, puis de la Déclaration d'Alma Ata sur les soins de santé primaires en 1978, constituent des jalons importants de ce qu'on appellera plus tard la «nouvelle santé publique». Cette vision renouvelée de la santé publique met l'accent sur les déterminants sociaux de la santé, le caractère multidimensionnel des problèmes et des solutions de même que sur une notion élargie du concept d'«environnement» qui inclut des éléments psychologiques, physiques et sociaux (Petersen et Lupton, 1996).

VVS s'inscrit comme une stratégie de promotion de la santé. Sur la scène internationale, la promotion de la santé a émergé de la jonction de deux courants: d'une part, l'évolution de l'éducation sanitaire aux États-Unis et, d'autre part, les démarches de «la santé pour tous en l'an 2000» promue par l'Organisation mondiale de la santé depuis la fin des années 1970 (O'Neill et Pederson, 1994). C'est d'ailleurs grâce aux travaux réalisés par le bureau européen de l'OMS à Copenhague (OMS, 1984; Kickbusch, 1986), en alliance avec des démarches réalisées au Canada, que le discours sur la promotion de la santé a acquis sa visibilité internationale (Lalonde, 1974; OMS, 1986; Pederson *et al.*, 1994).

Un des cinq grands types d'intervention en santé proposés par ce nouveau regard (OMS, 1986) suggère d'établir des politiques publiques favorables à la santé. C'est pour mettre en œuvre cette idée de politiques publiques favorables à la santé à l'échelon local que l'OMS a lancé en Europe, en 1986, son projet «Healthy Cities» (Villes-santé, Villes et Villages en santé ou Communautés en santé dans sa version francophone). Ce projet allait par la suite déborder du cadre de l'OMS et devenir un vaste mouvement international (Tsouros, 1992) auquel participent actuellement plusieurs milliers de municipalités sur tous les continents.

UNE VILLE EN SANTÉ, C'EST UNE COMMUNAUTÉ :

«[...] engagée dans un processus visant à créer, développer et améliorer son environnement physique et social et ses ressources communautaires propres à amener les gens à s'épauler les uns les autres dans l'accomplissement de toutes leurs activités de vie et dans la réalisation de leur plein potentiel. Une ville en santé possède un environnement physique propre, sécuritaire et de haute qualité, et fonctionne dans son écosystème. Les besoins fondamentaux de ses habitants (alimentation, eau, gîte, revenu, sécurité, travail) y sont satisfaits. La communauté est forte, elle pratique l'entraide et la non-exploitation, et participe activement à sa propre gouvernance. Les citoyens ont accès à un large éventail d'expériences et de ressources et à des contacts riches et variés avec les autres. La ville renferme une économie vivante et diversifiée, et ses habitants sentent une forte appartenance à leur héritage biologique et culturel ainsi qu'aux autres groupes et à leurs concitoyens. La forme de la ville permet et appuie toutes ces circonstances et offre un niveau optimal de santé publique et des services de santé adéquats et accessibles à tous» (traduction libre, Hancock et Duhl, 1986:41).

1.1.2 Le «modèle» québécois

Au Canada, le mouvement a évolué de manière assez originale. En effet, si l'OMS met l'accent surtout sur les grandes villes, au Canada on a développé l'idée de communautés en santé (Healthy Communities) de manière à inclure les communautés municipales de toutes les tailles[57]. Cependant, il n'existe actuellement pas de mouvement canadien, mais plutôt des réseaux provinciaux.

Le RQVVS est un organisme à but non lucratif dont le conseil d'administration est composé de dix membres comprenant une majorité d'élus municipaux. Il vise à: 1) inciter les décideurs à prendre conscience de leurs décisions sur la santé; 2) les amener à travailler avec les décideurs de la santé et d'autres secteurs à la réalisation de projets concrets; 3) favoriser l'entraide et l'échange d'information entre ses membres et 4) défendre les intérêts des projets locaux auprès d'autres entités (gouvernements, secteur privé, etc.) (RQVVS, 1999). Depuis sa mise sur pied, le Centre d'information du RQVVS est soutenu par le ministère de la Santé et des Services sociaux. Il est maintenant rattaché à l'Institut national de santé publique du Québec (INSPQ), après l'avoir été au Département de santé communautaire de l'Hôpital Saint-Sacrement puis à la Direction de santé publique de Québec.

---

57. Au Québec, ces petites communautés sont inclues sous le vocable «villages», dans l'appellation «VVS».

Au Québec, ce sont avant tout les municipalités qui sont membres du RQVVS, quoique des localités d'autres natures en font aussi partie (localités non municipalisées du Nord du Québec, municipalités régionales de comtés – MRC, quartiers). Formellement, l'adhésion au RQVVS prévoit un certain nombre d'engagements de la part d'une municipalité:

- Une déclaration de principe qui souscrit à la philosophie véhiculée par le concept de «Ville en santé». Dans cette déclaration, la municipalité s'engage, devant ses citoyens et citoyennes, à devenir une municipalité en santé, en agissant à la fois comme animatrice et comme participante au projet;

- Un engagement à partager ses connaissances et son expérience avec les autres municipalités du Réseau;

- Un engagement à manifester, à l'intérieur de ses propres champs de compétence, une préoccupation constante pour la santé et la qualité de vie dans ses prises de décision et dans le choix de ses actions;

- La formation d'un comité multisectoriel comprenant des représentants de la municipalité et d'au moins un organisme d'un autre secteur (ce comité devrait avoir pour mandat de développer et de proposer un ou des projets visant à améliorer la santé ou la qualité de vie dans la communauté);

- Un engagement de principe à affecter un minimum de ressources humaines, matérielles ou financières à la mise en œuvre des projets qui seront retenus par le Conseil municipal (il s'agit plus de réorienter des ressources existantes que de faire de nouveaux investissements) (RQVVS, 2001).

Bien que l'approche VVS prenne racine en promotion de la santé et qu'elle soit mentionnée comme stratégie dans plusieurs rapports et politiques au Québec et au Canada (*Programme national de santé publique* (2003); *Priorités nationales de santé publique* 1997-2002 (1997); Politique de santé et de bien-être (1992); *Rapport Romanow* (2002), *Building Healthy Rural Communities* (2002), VVS ne constitue pas un programme à proprement parler, mais plutôt une démarche, un processus guidé par des principes d'action, dont le contenu est défini localement par les communautés.

Par ailleurs, tout en conservant sa propre spécificité, le mouvement VVS au Québec s'associe de plus en plus à d'autres approches (développement durable, sécurité dans les milieux de vie, École en santé) qui, malgré des vocables ou des cibles différents, véhiculent des valeurs et des principes d'actions similaires.

Le RQVVS jouit d'une reconnaissance internationale. En 1992, il a notamment été désigné par l'OMS comme un modèle de bonne pratique en matière de promotion de la santé des communautés. Conjointement avec le Groupe de recherche et d'intervention en promotion de la santé de l'Université Laval (GRIPSUL) et l'Institut national de santé publique, il est reconnu depuis 1996 comme Centre collaborateur de l'OMS pour le développement des Villes et Villages en santé.

1.2 Villes et villages en santé : un concept qui lie santé et développement

Hancock (1993), un des « pères » de VVS, en définit l'architecture conceptuelle autour de deux éléments, la santé et les processus de développement. Sa conception de la **santé** repose sur trois éléments : une vision positive de la santé qui va au-delà de la simple absence de maladies, un modèle holistique et écologique de la santé qui met en évidence les multiples déterminants qui la conditionnent et une préoccupation pour les inégalités au regard des possibilités d'atteindre un meilleur état de santé.

L'autre dimension de VVS identifiée par Hancock, que reflète d'ailleurs bien la définition d'une Ville en santé citée plus haut, fait référence à l'aspect dynamique de l'approche préconisée par VVS. Cette dernière propose la mise en place de **processus de développement** faisant appel à la concertation, à l'intersectorialité et à la participation. Il s'agit donc d'impliquer aussi bien la communauté et les autres secteurs que celui de la santé, notamment les autorités municipales, dans les décisions sur la santé (Curtice, Springett et Kennedy, 2001 ; voir aussi Fawcett *et al.*, 2000).

1.2.1 Une vision holistique et positive de la santé

La promotion de la santé véhicule une conception holistique de la santé qui place la personne et son milieu de vie au centre des préoccupations. Dans cette perspective, la santé est également positive puisqu'elle est « perçue comme une ressource de la vie quotidienne [...] il s'agit d'un concept positif qui met en valeur les ressources sociales et individuelles » d'une communauté (ASPQ, 1993).

La santé est déterminée par un ensemble de facteurs reliés aussi bien à l'environnement social que physique, et ce, de l'échelle individuelle à celle de la société et de l'écosystème global (Hancock, 1993). Une telle vision holistique de la santé sous-tend que les facteurs qui la déterminent sont aussi bien sociaux, économiques et culturels que biologiques ou génétiques. Ce que cette approche par les déterminants de la santé dit, c'est que les modes de vie et les conditions de vie et de travail ont une influence directe sur la santé (Marmot et Wilkinson, 2000). On est donc loin d'une vision où la qualité et l'accès aux soins de santé est le principal facteur explicatif de l'état de santé (Lalonde, 1974 ; Evans, Barer et Marmor, 1994).

Parce qu'elle englobe l'ensemble des composantes de l'écosystème humain, la vision globale de la santé véhiculée par VVS met l'accent sur les aspects positifs de la santé plutôt que sur la maladie. Elle s'inscrit ainsi dans la définition de l'OMS qui pose la santé comme « un état de bien-être physique, mental et social complet, et non une simple absence de maladie ou d'infirmité. » (traduction libre, cité dans Hancock, 1993). La santé prend ici le sens de bien-être, de qualité de vie.

Par ailleurs, dans la perspective de VVS, la santé dont il est question n'est plus uniquement celle de l'individu, mais aussi celle de la communauté. En effet, comme l'on considère que la santé individuelle dépend d'un ensemble de facteurs, notamment des conditions de vie, il apparaît important de ne pas considérer uniquement la santé des individus, mais aussi celle des communautés, comme entités propres, qu'elles soient géographiques ou d'intérêt. Une communauté est plus que l'ensemble de ses citoyens, de ses rues, de ses services :

> C'est un être vivant qui a son existence propre, qui naît, qui grandit, vit des temps de crise et des temps de prospérité, qui peut être malade ou en santé. C'est aussi un organisme social formé d'une multitude de personnes, de groupes et d'organisations qui sont autonomes et qui créent entre eux un tissu riche et complexe d'interactions qui peuvent, elles aussi, être saines ou malades (RQVVS, 1999).

La notion de santé d'une communauté demeure à approfondir (Hancock, Labonté et Edwards, 2000). Toutefois, on sait déjà qu'il est important, là aussi, d'avoir une vision positive de la santé et d'en considérer toutes les dimensions. Aussi est-il nécessaire de compléter les composantes classiques (économie, démographie, etc.) par des éléments concernant par exemple la vie démocratique, la dynamique de la communauté, le capital social, composantes qui témoignent de la santé de la communauté conceptualisée comme un organisme vivant ayant une entité propre et non pas seulement comme l'agrégat de caractéristiques individuelles.

1.2.2 VVS comme stratégie de développement

En proposant une nouvelle vision de la santé qui tient compte de l'ensemble des déterminants et qui redéfinit les responsabilités des personnes et des communautés au regard de leur santé, VVS se pose également comme une stratégie de développement visant à mettre en place les conditions optimales pour que les personnes puissent exercer un plus grand contrôle sur leur santé. Toutefois, il ne s'agit pas de n'importe quelle forme de développement, mais d'un processus qui se définit comme «une succession de changements communautaires et structurels parfaitement intégrés et visant un objectif commun.» (traduction libre, Fawcett et al., 2000:80).

Tout modèle de développement sous-tend des valeurs, des principes et des stratégies d'action, une finalité. Dans un exercice d'identification des indicateurs de développement, Hancock, en collaboration avec quelques collègues, a tenté de préciser quelles visions du développement véhicule l'approche VVS (Hancock, 2001; Hancock, Labonté et Edwards, 2000). Pour lui, un véritable développement n'est possible que quand les quatre capitaux (humain, économique, social et écologique) contribuent conjointement au bien-être collectif.

> Le développement sociétal global inclut donc le développement économique et le développement social et a pour objectif ultime le développement humain. Plus une société compte d'êtres humains entièrement développés, plus son capital humain est important. Mais les êtres humains ne sauraient réaliser leur plein potentiel sans l'aide des réseaux sociaux, des programmes établis et de l'infrastructure sociétale (p. ex.: l'instruction universelle, la santé et les services sociaux, les droits humains, civils et politiques) qui constituent le capital social. La création de cette infrastructure sociale et de l'infrastructure traditionnelle (aqueduc, égouts, transport et communication) suppose un minimum de (bon) développement économique (pourvu que ce soit la bonne forme de développement). (traduction libre, Hancock, 2001; non paginé).

Un tel processus de développement s'inscrit dans un espace, un environnement social et politique donné, à une échelle très proche de l'individu: sa communauté immédiate, d'où la nécessité de définir et de qualifier cette communauté. Ce type de développement sous-tend également un certain nombre de mécanismes, parmi lesquels VVS privilégie la concertation, l'intersectorialité, la participation communautaire et l'engagement municipal.

1.2.2.1 La communauté locale comme espace de développement

La communauté constitue l'assise première du concept VVS. Elle l'est en tant qu'objet de préoccupation parce qu'on vise à améliorer sa santé comme entité autonome. Elle l'est également comme sujet de l'action des stratégies VVS, parce que l'on pense qu'elle a la capacité et la responsabilité d'agir sur les déterminants de la santé. Mais de quelle communauté s'agit-il?

Dans le contexte québécois de VVS, la communauté se définit en termes spatiaux puisque ce sont généralement les municipalités, en tant qu'entités géopolitiques, qui peuvent adhérer au RQVVS, même si des communautés non municipalisées y sont aussi associées. Dans d'autres provinces canadiennes, c'est le cas notamment en Ontario et en Acadie du Nouveau-Brunswick, il s'agit surtout de communautés d'appartenance qui ne coïncident pas toujours avec les entités spatiales que sont les municipalités: communautés linguistiques, organisations ou communautés géographiques non municipalisées.

Cependant, peu importe le type de communauté qui adhère officiellement au mouvement VVS, l'important est l'espace de relations qu'elle constitue. En effet, l'essence même d'une communauté est le fait que ses membres interagissent entre eux et y ont un certain sentiment d'appartenance. C'est aussi un espace auquel est rattaché un pouvoir de décision. On peut ainsi la définir comme un groupe de personnes défini de façon géographique ou à partir d'affinités, étant conscientes de leur identité comme groupe et où la taille et la nature du groupe rendent possible l'accès direct au pouvoir de décision (Ville de Toronto, cité dans Hancock, Labonté et Edwards, 2000:5).

Pour l'individu, l'entité politique que constitue la municipalité n'a pas toujours de sens immédiat, surtout dans les grandes villes. Pour lui, la communauté est plutôt son milieu de vie, son espace de vie quotidien, c'est-à-dire sa paroisse, son quartier ou son village. Ce sont donc des espaces géographiquement définis, reconnus comme signifiants par les citoyens, mais dont les contours demeurent parfois flous et ne correspondent pas nécessairement aux limites formelles des structures administratives organisant le territoire. Ce premier espace d'appartenance est celui où une certaine partie des actions et des projets VVS prennent forme, même s'il ne correspond pas toujours à une entité où des modes formels de prise de décision sont en place. Il faut par ailleurs souligner que chaque individu appartient en fait à plusieurs communautés, géographiques ou d'intérêt, qui s'interpénètrent et se recoupent.

La communauté est en outre un milieu de vie composé d'un ensemble d'acteurs. Comme le précisent Norris et Lampe (traduction libre, 1994:288) «nous devons reconnaître que nos organisations, nos écoles, nos églises et nos hôpitaux ne sont pas des entités distinctes poursuivant des objectifs distincts. Au contraire, elles sont interreliées et forment ce que l'on appelle une communauté».

Ainsi, existe-t-il de nombreuses définitions de la communauté. Parce qu'elle correspond bien à la vision d'une communauté véhiculée par VVS, la définition proposée dans le document «La santé des communautés» (INSPQ, 2002:17) s'avère utile: «un système social structuré de personnes vivant à l'intérieur d'un espace géographique précis (ville, village, quartier, arrondissement). Ces personnes ont une interaction sociale et partagent, entre elles et avec le lieu qu'elles habitent, certaines valeurs communes et des liens psychologiques démontrant ainsi une certaine conscience de leur identité en tant que communauté.» Il s'agit donc de communautés ancrées territorialement, mais dont les contours géographiques ne correspondent pas nécessairement, ou pas toujours, aux limites formelles de nature administrative ou politique.

Cette distinction entre les communautés politiques et les territoires d'appartenance est d'ailleurs importante lorsqu'il s'agit de dresser des portraits de ces communautés ou d'en analyser les composantes dans une perspective d'évaluation (RQVVS, 2001; Hancock, Labonté et Edwards, 2000).

1.2.2.2 Le territoire local comme lieu de construction de la santé

La notion de communauté prend tout son sens lorsque l'on sait que:

> ...l'action intersectorielle est plus facile à mettre en œuvre sur un plan plus modeste, au niveau local, et ce, pour plusieurs raisons. Entre autres, l'espace social et la population ciblés sont plus circonscrits et malléables; les décideurs locaux sont plus proches des populations touchées par leurs décisions; les structures bureaucratiques aux niveaux municipal et surtout communautaire sont plus restreintes et plus accessibles; les acteurs concernés et les citoyens sont plus facilement mobilisés, d'une part, parce qu'ils risquent de bénéficier directement et visiblement de l'action intersectorielle et, d'autre part, parce que la collaboration dépend souvent de la confiance et de l'amitié (White *et al.*, 2002:42).

D'autant plus qu'il y est plus facile pour les citoyens et les organismes du milieu d'influencer les structures formelles locales pour qu'elles s'ouvrent à une démocratie plus participative que celles des niveaux supérieurs.

> L'intégration de nos efforts communautaires et citoyens dans la structure politique locale établie permettra non seulement de développer des politiques qui refléteront les valeurs des citoyens mais également d'accélérer la transformation du gouvernement local d'un simple rôle de représentation vers une structure décisionnelle hautement participative et dynamique (traduction libre, O'Connor et Gates, 2000:160).

Ainsi, la communauté locale n'est-elle pas seulement importante à considérer parce que les citoyens peuvent l'influencer, mais également parce qu'elle a le pouvoir, elle-même, de mettre en place des mécanismes favorisant la participation et l'*empowerment* des individus. Elle peut donc aussi « produire » de la santé.

Tel que précisé par Hancock, une Ville en santé est aussi une communauté qui vise à augmenter le contrôle qu'ont les citoyens sur leur santé. Encore faut-il que tous les acteurs gouvernementaux veuillent s'asseoir avec les citoyens, les écouter et se plier au rythme généralement lent d'une telle démarche pour qu'en bout de piste, ils acceptent de travailler avec eux à la mise en place des solutions. Un défi de taille pour les politiciens, qui est d'ailleurs d'autant plus important que la communauté est grande et hétérogène. Lee, Fucillo et Wolfe (2000:135) expliquent bien l'importance de la place réelle qui est faite aux citoyens dans un processus de concertation intersectorielle :

> Dans les communautés, les gens doivent avoir des occasions de réfléchir ensemble à leur avenir, aux améliorations à apporter à leur milieu, aux priorités qu'ils veulent se donner, et de dégager les consensus politiques nécessaires pour porter le mouvement vers l'avant. Les gouvernements, les organisations et les autres entités sont souvent déçus de la participation communautaire en raison des difficultés et des lenteurs inhérentes au processus. Et pourtant, le problème ne tient pas tant à un manque d'intérêt qu'à la méthode utilisée pour susciter la participation. Il est primordial de donner dès le départ la parole aux gens du milieu et de les laisser s'exprimer en toute liberté. Pour une bureaucratie, la confiance se rebâtit d'abord et avant tout par l'écoute. [...] L'expérience nous enseigne que, si la vision vient de la base, les gens n'en seront que plus disposés à relever leurs manches pour participer à l'effort commun (traduction libre).

C'est d'ailleurs ce qui a fait qu'au Canada, contrairement au modèle européen prôné par l'OMS, ce ne sont pas uniquement les grandes villes qui se sont intéressées à VVS, mais aussi de plus petites communautés. Comme l'a remarqué Hancock (1992:46) dans son analyse de l'expérience canadienne,

...il ne fait aujourd'hui plus aucun doute que de travailler avec les petites municipalités comporte des avantages bien réels. La cohésion du gouvernement local y est plus grande, la bureaucratie est réduite, et les liens avec la communauté sont plus étroits. Il est donc plus facile et plus rapide de créer des rapprochements intersectoriels et de mettre en place des changements dans ce type de municipalité que dans les grandes villes comme Toronto (traduction libre).

Mais, peu importe la taille de la municipalité, il faut savoir que :

...la « ville » en particulier ne constitue pas simplement une concentration de population, mais également un creuset d'identification sociale et d'action politique. [...] Plus spécifiquement, les villes sont des espaces complexes où, dans leur dimension sociale et spatiale, se négocient, s'imposent ou se développent des relations politiques, sociales et matérielles basées sur la propriété, le conflit, l'autonomie ou le contrôle (traduction libre, Milewa et de Leeuw, 1995:6).

En fait, VVS reconnaît que le gouvernement local peut et doit jouer un rôle dans l'amélioration de la santé des individus. Et même si, au Canada et au Québec, les municipalités n'ont pas de responsabilités formelles au regard de la santé, Parfitt constate qu'« on serait étonné d'apprendre que, depuis 150 ans, ce ne sont ni les médecins ni les hôpitaux qui ont le plus contribué à la santé de la nation, mais bien les gouvernements locaux » (traduction libre, cité dans Hancock, 1993:17).

Toutefois, il ne faut pas perdre de vue que les communautés s'insèrent dans des ensembles plus grands (régions, provinces, pays, système mondial) qui exercent des contraintes très fortes sur elles. Aussi, même si elles peuvent s'approprier un certain pouvoir, il n'en demeure pas moins qu'une partie non négligeable du pouvoir de décision leur échappe, notamment en ce qui concerne certains déterminants de la santé. En effet, la communauté locale ne constitue qu'un maillon dans l'architecture de la société. Une partie du pouvoir de décision relève d'autres niveaux d'organisation sur lesquels la communauté n'a que peu de prise. Aussi, bien que la communauté constitue, comme on l'a montré plus haut, un lieu significatif quant à l'établissement de conditions favorables à la santé, il n'en demeure pas moins que son pouvoir d'action demeure limité au territoire local. Aussi, toute analyse du milieu local, notamment par l'évaluation, doit tenir compte du contexte global dans lequel il s'insère.

1.3 Un principe et trois stratégies d'action

Ce qui précède apporte une certaine compréhension du concept VVS en posant ses fondements : une vision positive et holistique de la santé et du développement de même que l'importance du territoire local comme lieu de pouvoir sur la santé. Il reste toutefois à préciser les principes et les stratégies qui sous-tendent l'action VVS.

La particularité de VVS est de n'avoir pas de vision précise des actions à entreprendre et des problèmes à traiter. VVS propose en revanche des principes et des stratégies qui précisent comment on peut induire les changements attendus et voulus par la communauté. Dans l'expérience québécoise, ce sont la participation, la concertation intersectorielle et l'engagement municipal à travers des politiques publiques locales favorables à la santé qui retiennent l'attention. Celles-ci s'appuient sur un principe fondamental, celui de la capacité des individus et des communautés à acquérir du pouvoir sur la santé et leur devenir, dans une perspective avouée de réduction des inégalités entre les personnes.

1.3.1 Un principe : l'*empowerment*

Que ce soit au regard de la santé ou du développement, VVS sous-tend une redéfinition du pouvoir qui devrait se traduire par une reconnaissance du rôle essentiel que peuvent et doivent jouer les individus et les communautés dans la mise en place des conditions pour améliorer leur santé et leurs conditions de vie. Cette vision rejoint ainsi la définition de la promotion de la santé qui se pose comme un « processus visant à amener les gens à mieux contrôler et, partant, à améliorer leur santé » (traduction libre, OMS, 1986).

Selon Rootman *et al.* (traduction libre, 2001 : 13), toutes les définitions de la promotion de la santé convergent en posant qu'« en promotion de la santé, le principe de base, c'est l'*empowerment* ». Celui-ci peut être facilité par des stratégies telles la participation, une vision globale de la santé, la justice sociale et la réduction des inégalités de même que par la collaboration intersectorielle (*idem* : 14). Il consiste en un processus qui, selon Ninacs (1998 : 14), « s'opère sur quatre plans : la participation, la compétence technique, l'estime de soi et la conscience critique ». On parle ici de l'*empowerment* individuel qui amène l'individu à exercer un plus grand pouvoir sur sa vie, sur sa santé. Mais comme le souligne Ninacs (*idem*), ce processus d'*empowerment* individuel se réalise plus efficacement à l'intérieur du groupe qui vient soutenir les expériences individuelles et fournir un lieu où les compétences nouvellement acquises peuvent être testées et améliorées. On parle alors d'*empowerment* organisationnel.

Amener les personnes à reprendre du pouvoir sur leur santé s'inscrit également dans une volonté de diminuer les inégalités au regard de la santé. Il apparaît en effet important de s'attarder davantage aux personnes dont le statut social est le moins élevé ou qui ont le moins d'habiletés à s'occuper elles-mêmes de leur santé, et ce, afin de les outiller pour qu'elles augmentent leur contrôle sur celle-ci. Ce sont donc avant tout ces personnes qui sont visées par les processus d'*empowerment*.

L'idée de la réduction des inégalités est très présente dans la littérature sur VVS. Elle découle d'une conception de la santé qui englobe un ensemble de déterminants sociaux, économiques et culturels. C'est parce que l'on comprend que ces facteurs influencent la santé que l'on prévoit qu'il faut aider plus spécifiquement ceux qui y sont plus vulnérables. Dans l'expérience québécoise de VVS, ce principe n'est pas explicitement formulé comme une stratégie ou une cible d'action. Néanmoins, si l'on consulte la liste des initiatives locales VVS (RQVVS, 2001), on constate que plusieurs d'entre elles visent les plus démunis afin qu'ils s'approprient plus de pouvoir sur leur santé et sur leur vie, notamment en les intégrant dans certains processus collectifs de décisions.

C'est toute la communauté que la présence de ces personnes vulnérables interpelle puisque « des études sur la santé des populations démontrent que ce n'est pas la pauvreté elle-même, mais plutôt les inégalités sociales qui produisent le gradient de santé au sein des sociétés : plus la société est égalitaire, moins le gradient est important » (Robert et House, cités dans White *et al.*, 2002 : 51 ; voir aussi Potvin, Lessard et Fournier, 2002 : 135). S'intéresser aux inégalités sociales, ce n'est donc pas regarder uniquement la situation des personnes prises individuellement, mais les situer dans le groupe ou la communauté.

Par ailleurs, si l'*empowerment* des individus est important pour assurer leur santé, il en va de même pour les communautés. En effet, plusieurs facteurs déterminant la santé dépassent les compétences individuelles ; il n'y a que la communauté qui peut les influencer. On parle alors d'*empowerment* communautaire qui vise à donner aux communautés un pouvoir pour intervenir sur certains déterminants de la santé. Il s'agit notamment d'augmenter la capacité de la communauté (*community capacity*) à s'organiser pour améliorer les conditions de vie de ses citoyens. Comme le souligne Sherwood (traduction libre, 2002:8), « la capacité communautaire est la faculté de s'organiser, de se donner une vision ou des priorités, puis d'agir en conséquence » afin de prévenir la maladie et de promouvoir la santé. Ce processus repose sur un certain nombre d'éléments comme l'arrimage des ressources locales, une libre circulation de l'information, des mécanismes permettant une pleine participation, etc. (Ninacs, 1998:16).

VVS participe à cet *empowerment* communautaire. En effet, en mettant en présence différents acteurs sociaux, ce mouvement crée de nouveaux espaces de pouvoir et redéfinit les responsabilités des différents acteurs au regard de la santé. Asseoir à la même table aussi bien les professionnels de services gouvernementaux, des élus municipaux et des organismes communautaires que des bénévoles ou des citoyens, permet une renégociation des règles de gouverne à l'intérieur des espaces locaux. Comme le soulignent Davies et Kelly (traduction libre, 1993:7), « le programme Villes et Villages en santé est un programme politique dont le but est d'amener un changement dans les relations de pouvoir face à la santé et à la maladie et une transformation épistémologique en profondeur de la conceptualisation même de la santé. » Une Ville en santé se pose alors comme « une forme de démocratie en marche: des gens qui, par delà les frontières habituelles, unissent leurs efforts pour s'attaquer aux problèmes qui leur tiennent à cœur » (traduction libre, Fawcett *et al.*, 2000:90).

Les trois formes d'*empowerment*, l'individuel, l'organisationnel et le communautaire, sont toutefois intimement liées (Ninacs, 2002). Ce sont les individus, en tant qu'acteurs, qui peuvent investir les nouveaux lieux de pouvoir et ainsi contribuer à la force de changement dans la communauté. Ce sont aussi des communautés fortes qui peuvent développer des mécanismes de participation permettant aux individus d'actualiser leur potentiel et d'acquérir de nouvelles compétences. En ce sens, VVS « fournit une opportunité pour passer d'une forme de prise de décision uniquement représentative à une démocratie plus active et… qui repose sur le jugement éclairé des citoyens » (traduction libre, O'Connor et Gates, 2000:157).

1.3.2 Les stratégies d'action de VVS

1.3.2.1 La participation

La participation est au cœur de l'action VVS; elle en est le moteur. La participation peut prendre bien des formes mais, dans le contexte de VVS, «participer, c'est prendre part à l'action sous toutes ses dimensions : parler, se faire entendre, agir et prendre part aux décisions» (INSPQ, 2002:2). Tous ces types d'action sont importants, de la présence aux activités à l'animation de la communauté, mais la forme la plus complète de la participation se traduit par une présence dans les lieux de pouvoir et une contribution active aux décisions.

Pour un individu, la participation peut s'actualiser dans différents lieux et à différentes étapes du processus. Il peut s'agir de participer activement à la mise en place de l'initiative VVS, notamment au sein d'un comité local. Elle peut aussi prendre la forme, dans un premier temps, d'une participation à une activité qui, par la suite, pourrait se transformer par un engagement plus actif dans l'animation d'un groupe ou l'organisation d'autres activités. Aussi, même si l'investissement du pouvoir par le plus grand nombre de citoyens possible demeure l'objectif ultime, il faut garder en tête que l'*empowerment* des citoyens et des communautés demeure un processus graduel dont les manifestations sont multiples. Ce n'est donc pas uniquement une question de participation au pouvoir formel de décision (conseil municipal, comité de développement, comité VVS), mais aussi une participation active des citoyens au choix des stratégies pour améliorer leurs conditions de vie et leur bien-être.

Dans les plus grandes municipalités où les comités VVS se présentent comme des lieux de concertation intersectorielle entre autres par la participation d'intervenants de divers secteurs, l'intégration des citoyens constitue un grand défi. Dans une perspective VVS, ce sont en partie les gouvernements locaux qui ont le devoir d'assurer les conditions (formation, animation, ouverture) pour faciliter la participation citoyenne.

> Étant donné que tout projet Villes et Villages en santé comporte une forte composante bureaucratique (attribuable au rôle que le gouvernement local y joue), il n'est pas évident de faire accepter aux bureaucraties, d'une part, que les communautés doivent prendre leur autonomie et, d'autre part, que l'administration municipale doit s'employer à leur fournir les moyens de cette autonomie (traduction libre, Hancock, 1993:22).

Si les gouvernements locaux contrôlent certains leviers nécessaires à la participation citoyenne, c'est par l'*empowerment* des organisations que s'actualise l'*empowerment* des individus et ce sont ces organisations qui permettent la construction d'une communauté plus forte (Ninacs, 1998).

1.3.2.2 La concertation intersectorielle

Une des pierres angulaires de l'approche VVS est la concertation. Plusieurs auteurs ont travaillé sur ce concept, notamment dans le domaine de la gestion. Schneider définit la concertation comme « une démarche qui comprend l'ensemble des pratiques articulées d'un groupe d'acteurs décisionnels et autonomes qui ont convenu d'harmoniser non seulement leurs orientations mais également leurs stratégies d'intervention et leurs actions concrètes au sein d'un secteur d'activité donné » (cité dans Belley-Lévesque, 1994:22).

Par la concertation, les acteurs locaux s'engagent à discuter de problèmes et de solutions concernant une situation problématique. Les acteurs, individus ou organisations, adhèrent à cette démarche de manière volontaire parce qu'ils croient qu'il est nécessaire d'unir les forces pour atteindre des résultats. En effet, la concertation se pose comme un processus continu qui permet de définir les problèmes et, éventuellement, d'y trouver des solutions.

L'intersectorialité, quant à elle, prend racine dans une vision globale de la société et des facteurs qui favorisent la santé, ou entraînent la maladie, plutôt que dans l'individu qui a des problèmes de santé. Elle est une réponse à l'extrême sectorisation de la société, qui elle-même constitue une réponse à la complexité des phénomènes sociaux (White *et al.*, 2002). D'où son importance puisqu'elle vise à transcender les secteurs dans le but de comprendre et d'agir sur un grand ensemble de facteurs.

L'intersectorialité repose sur l'idée que les facteurs explicatifs de la maladie et de la santé se trouvent souvent à l'extérieur du champ de la santé, que les déterminants sont divers et concernent la totalité des composantes de la société. Harris (1995) abonde en ce sens lorsqu'il définit l'intersectorialité comme « une **relation officielle** entre une ou plusieurs composantes du secteur de la santé et une ou plusieurs composantes d'un autre secteur dans le but de lutter contre un problème ou d'**atteindre des résultats en santé (finals ou intermédiaires)** d'une manière plus efficace et durable que si le secteur de la santé avait agi seul » (traduction libre, cité dans Maskill et Hodges, 2001 :vi, les accents sont de Maskill et Hodges).

L'intersectorialité appréhende les questions de santé d'une façon pluridimensionnelle qui couvre l'ensemble des composantes de la société. Elle vient donc caractériser la forme de concertation que VVS véhicule.

La concertation intersectorielle peut prendre plusieurs formes. Dans le domaine de la santé et des services sociaux au Québec, elle s'organise surtout autour de tables intersectorielles qui rassemblent des personnes (intervenants et décideurs institutionnels ou du milieu communautaire) autour de thématiques, de problèmes ou de clientèles spécifiques. Dans le contexte des projets VVS, l'action intersectorielle se réalise principalement par le biais d'un comité local, ou d'une coalition, formé d'individus et de groupes de la communauté, auxquels peuvent s'associer des intervenants et décideurs de différents secteurs d'activité ayant un mandat professionnel relatif à la communauté (Centre de santé, Centre local de développement, école, etc.). Il s'agit donc d'une intersectorialité liée à un territoire géographique, l'objectif étant, en mettant en commun les forces et les compétences de chacun des partenaires, d'améliorer les conditions de vie de la communauté. Les Anglo-saxons, parlent alors de « *community coalitions* » pour désigner ces « …alliances entre différents secteurs, organisations ou constituantes ayant un objectif commun » (Francisco, Paine et Fawcett, 1993 :403).

VVS sous-tend donc une concertation à l'échelle locale. Toutefois, étant donné l'interaction des différents niveaux d'organisation sociale sur ce qui se passe localement, il est important de voir que plusieurs niveaux et plusieurs formes de concertation peuvent coexister, mais qu'on doit en prévoir l'arrimage.

1.3.2.3 L'engagement municipal à travers les politiques publiques favorables à la santé

Au Québec, comme c'est d'ailleurs le cas dans la vision de l'OMS (Hancock et Duhl, 1986), Villes en santé s'adresse en tout premier lieu aux municipalités. Ce sont elles qui adhèrent officiellement. Cependant, contrairement à l'Europe où VVS demeure une approche plutôt administrative et directive (*top-down*), au Québec, on constate que les conseils municipaux délèguent souvent à d'autres entités, parfois même à l'extérieur de l'administration municipale, le développement d'une démarche VVS. Il n'en demeure pas moins que l'engagement de la municipalité demeure une condition essentielle d'adhésion au RQVVS, ce qui n'est pas le cas dans d'autres provinces où les municipalités ne sont pas systématiquement impliquées dans le développement et l'application de Villes en santé.

Même si l'adhésion de certaines municipalités au mouvement VVS se résume à une résolution du Conseil municipal, la plupart des membres du RQVVS mettent en place un comité, ou une coalition, dont le mandat est de réaliser des activités concrètes pour améliorer les conditions de vie de la communauté. Un tel mandat peut se réaliser, entre autres, par une influence auprès des décideurs locaux (conseil municipal, entreprise, école) afin que ces derniers mettent en place des politiques favorables à la santé.

Plusieurs auteurs (O'Neill, 1990; Hancock et Duhl, 1986) soulignent le rôle essentiel que peuvent jouer les gouvernements locaux dans la définition de politiques publiques favorables à la santé, tant à leur propre niveau, comme gouvernement local, qu'auprès des gouvernements d'autres niveaux.

Dans le contexte de la promotion de la santé, les politiques publiques favorisant la santé constituent des mécanismes importants pour améliorer la santé. Cette notion a évolué corrélativement à celle de la promotion de la santé. En effet, dès lors que l'on concevait la santé globalement, à partir de déterminants touchant l'ensemble des composantes de la société et sur lesquelles les individus et les communautés ont un pouvoir de décision, un des moyens d'influencer la santé consistait à définir des politiques publiques favorables à la santé. L'idée derrière ces politiques publiques saines est que « les administrations publiques à tous les niveaux, local, régional, provincial, national et international, doivent se soucier de l'incidence de leurs politiques sur la santé des gens » (O'Neill, 1990:7).

Selon Lemieux, les politiques publiques favorables à la santé sont « des processus systématiques mis au point pour régler des problèmes dans des collectivités organisées » (cité dans O'Neill, 1990:7). Bien que dans le contexte de l'OMS on considère les politiques publiques comme étant du ressort des gouvernements, Lemieux soutient que tout organisme peut avoir des politiques publiques pourvu qu'elles aient « une influence à l'extérieur de l'organisation en question, et [qu'elles soient] rendues publiques » (*idem*).

Dans la *Politique québécoise de la santé et du bien-être*, on reconnaît l'importance des politiques publiques. On souligne surtout que «le manque d'harmonisation des politiques publiques, leur rigidité, contribuent parfois à affaiblir certains milieux ou encore à perpétuer les inégalités», quoique «les politiques publiques ne sont pas destinées uniquement à réduire les conséquences des problèmes. Plusieurs permettent d'orienter le développement. Ces politiques peuvent ainsi favoriser la mise en place de conditions favorables à la santé et au bien-être et, ce faisant, de conditions favorables au développement social et économique» (MSSS, 1992:170-171).

Le fait que VVS s'intéresse avant tout à l'échelle locale centre la réflexion sur les politiques publiques favorables à la santé définies localement. Toutefois, il ne s'agit pas nécessairement de politiques gouvernementales, mais de toute politique ayant un impact sur la communauté ou une partie de celle-ci.

EN BREF... VVS, UNE APPROCHE DE SANTÉ FONDÉE SUR DES PRINCIPES D'ACTION

Toute réflexion sur l'évaluation nécessite une définition de l'objet que l'on veut évaluer. S'agissant de l'évaluation d'initiatives VVS, il est d'autant plus important de préciser cette approche qu'elle n'a jamais fait, du moins au Québec, l'objet d'une définition approfondie. Ce chapitre visait à décrire comment VVS, en tant qu'approche de promotion de la santé, allie santé et processus de développement dans une perspective d'amélioration des conditions de vie et du mieux-être. L'espace local qu'est la communauté a été posé comme le lieu le plus susceptible d'agir sur les facteurs qui déterminent la santé des individus et des communautés. C'est là en effet que les individus et les communautés peuvent le plus efficacement exercer un contrôle sur les conditions favorisant une meilleure santé.

Une fois ces prémisses placées, il était indispensable de préciser les moyens d'action qui, selon VVS, sont plus à même d'induire des processus de développement durables et efficaces dans une perspective d'amélioration de la santé globale. Il a été montré que le principe fondateur de VVS est l'*empowerment*. Dès lors que l'on dit que les individus et les communautés peuvent et doivent agir sur leur santé, il apparaît indispensable de développer et de consolider leur pouvoir d'agir afin qu'ils puissent actualiser ce potentiel et participer effectivement à leur propre devenir.

Plusieurs stratégies peuvent soutenir ce processus d'*empowerment*. À cet effet, VVS privilégie la participation et la concertation intersectorielle comme étant des moyens susceptibles d'agir sur les déterminants de la santé. Par ailleurs, comme VVS, du moins au Québec, s'adresse en tout premier lieu aux communautés municipales, on pense également que la mise en place de politiques publiques constitue un moyen prometteur de contribuer à l'amélioration de la santé.

Ancrée dans de tels stratégies et principes d'action, on constate que l'approche VVS se préoccupe avant tout de processus plutôt que d'actions ou d'interventions à implanter. En ce sens, VVS n'est pas un programme d'intervention au sens où on l'entend généralement en promotion de la santé. L'approche VVS propose un principe et des stratégies qui peuvent permettre aux personnes habitant ou concernées par une communauté de contribuer à leur développement et à améliorer leur mieux-être selon les priorités et les solutions identifiées localement.

Cette façon de concevoir l'action VVS en termes de processus fondés sur des principes d'action n'est pas sans répercussion sur la façon d'aborder la question de l'évaluation. Elle pose la question du rôle des acteurs dans la définition des critères de réussite de même que des éléments des processus qui peuvent être évalués. Il s'agit en fait de repenser la façon de démontrer que des processus aussi complexes que ceux décrits ici donnent des résultats concrets.

RÉFÉRENCES

Ashton, John (1994). « The origins of Healthy Cities. » Dans Ashton, John (éd.) *Healthy Cities*. Milton Keynes, Philadelphia, Open University Press.

ASPQ (1993). *Document de consensus sur les principes, stratégies et méthodes en promotion de la santé*. Montréal, Comité de la promotion de la santé à l'ASPQ, Association pour la Santé Publique du Québec.

Belley-Lévesque, Nicole (1994). *La pratique de la concertation*. Rapport de recherche pour l'obtention de la Maîtrise en éducation, Université du Québec en Abitibi-Témiscamingue.

Curtice, Lisa, Springett, Jane et Kennedy, Aine (2001). « Evaluation in urban settings: the challenge of Healthy Cities. » Dans Rootman, Irving *et al.* (éd.) *Evaluation in health promotion. Principles and perspectives*. WHO Europe, WHO Regional Publications, European Series, n° 92.

Davies, John K. et Kelly, Michael P. (1993). *Healthy Cities: Research and Practice*. London et New York, Routledge.

Evans, Robert G., Barer, Morris L. et Marmor, Theodore R. (éd.) (1994). *Why are Some People Healthy and Others Not. The Determinants of Health of Populations*. Aldine de Gruyter.

Fawcett, Stephen B. *et al*. (2000). « Building Healthy Communities. » Dans Tarlov, Alvin R. et St Peter, Robert F. *The Society and Population Health Reader. Volume II: A State and Community Perspective*. New York, The New Press.

Francisco, Vincent T., Paine, Adrienne L. et Fawcett, Stephen B. (1993). « A methodology for monitoring and evaluating community health coalitions. » *Health Education Research. Theory and Practice*, 8(3):403-416.

Harris, Elizabeth *et al*. (1995). *Working Together: Intersectorial Action for Health*. Sydney, Australian Centre for Health Promotion and Commonwhealth Department of Human Services and Health.

Hancock, Trevor (2001). Health-based Indicators of Sustainable Human Development. Document préparé pour: Office of Sustainable Development, Health Canada.

Hancock, Trevor (1993). « The Healthy City: concept to application. Implications for research. » Dans Davies, John K. et Kelly, Michael P., *Healthy Cities. Research and Practice*. London/New York, Routledge.

Hancock, Trevor (1992). « The development of the Healthy Cities project in Canada. » Dans Ashton, John (éd.) *Healthy Cities*. Milton Keynes, Philadelphia. Open University Press.

Hancock, Trevor, Labonté, Ron et Edwards, Rick (2000). *Indicators that Count! Measuring Population Health at the Community Level*. Toronto, Centre for Health Promotion/ParticipACTION.

Hancock, Trevor et Dulh, Leonard (1986). *Healthy Cities: Promotion Health in the Urban Context*. Copenhagen, FDAL, WHO Healthy Cities Paper 1.

INSPQ (2002). *La santé des communautés: perspectives pour la contribution de la santé publique au développement social et au développement des communautés*. Québec, Institut national de santé publique.

Kickbusch, Ilona (1986). « Health Promotion: a global perspective. » *Canadian Journal of Public Health*, 77:321-326.

Lalonde, Marc (1974). *Nouvelle perspective de la santé des Canadiens*. Ottawa, Santé et Bien-être social Canada.

Lee, Peter R., Fucillo, Ralf et Wolfe, Thomas J. (2000). « Key Components of a Statewide Healthy Communities Effort. » *Public Health Reports*, 115:134-138.

Marmot M. et R. Wilkinson (dir.) (2000). *Les déterminants sociaux de la santé : Les faits*. OMS EURO.

Maskill, Caroline et Hodges, Ian (2001). *Intersectorial Initiatives for Improving the Health of Local Communities. A Literature Review*. Wllington, New Zealand Ministry of Health.

Milewa, Timothy et de Leeuw, Evelyne (1995). *Communication and change in the policy process towards a new urban public health : a basis for analysis of discourse in pursuit of the « healthy city »*. Maastricht, Depatment of Health Ethics and Philosophy, University of Limburg.

Ministère de la Santé et des Services sociaux (1992). *La politique de la santé et du bien-être*. Québec, ministère de la Santé et des Services sociaux.

Ninacs, William A. (2002). *Types et processus d'*empowerment *dans les initiatives de développement économique communautaire au Québec*. Thèse de doctorat, École de service social, Université Laval.

Ninacs, William A. (1998). *Concertation et partenariat : définitions, conjoncture et quelques enjeux*. Communication présentée au 10ᵉ Colloque annuel du Réseau québécois de Villes et Villages en santé, Trois-Rivières.

Norris, Tyler et Lampe, David (1994). « Healthy Communities, Healthy People : A Challenge Coordination and Compassion. » *National Civic Review*, 83 :280-289.

O'Connor, Drew et Gates, Christopher T. (2000). « Toward a Healthy Democracy. » *Public Health Reports*, 115(2-3):157-160.

OMS (1986). *Charte d'Ottawa pour la promotion de la santé*. Ottawa, Conférence internationale pour la promotion de la santé.

OMS (1984). *Promotion de la santé : un document de discussion sur le concept et les principes*. Copenhague, Organisation mondiale de la santé.

O'Neill, Michel (1990). « Politiques publiques favorisant la santé : perspectives de l'OMS. » *Promotion de la santé*, 28(3):6-8,24.

O'Neill, Michel et Pederson, Ann (1994). « Two analytic paths for understanding canadian developments in Health Promotion. » Pederson, Ann., O'Neill, Michel et Rootman, Irving, *Health Promotion in Canada*, Toronto, W. B. Saunders.

Petersen, Alan et Lupton, Deborah (1996). *The new public health and self in the age of risk*. Newbury Park/London/New Delhi, Sage Publications.

Pederson, Ann *et al.* (1994). *Health Promotion in Canada. Provincial, National & International Perspectives*. Toronto, W. B. Saunders Canada.

Potvin, Louise, Lessard, Richard et Fournier, Pierre (2002). « Inégalités sociales de santé. Un partenariat de recherche et de formation. » *Revue canadienne de santé publique*, 93(2):134-137.

Rapport Romanow (2002), Building Healthy Rural Communities.

Rootman, Irving *et al.* (2001). « A framework for health promotion evaluation ». Dans Rootman, Irving *et al.* (éd.) *Evaluation in health promotion. Principles and perspectives.* Copenhagen, WHO Regional Office for Europe, WHO Regional Publications, no. 92.

RQVVS (1999). *Villes et Villages en santé.* Québec, RQVVS (Pochette d'information).

RQVVS (2001). *Villes et Villages en santé. Annuaire 2001.* Québec, RQVVS.

Sherwood, David (2002). *Building Healthy Rural Communities.* Ministerial Advisory Council on Rural Health.

Tsouros, Agis (éd.) (1992). *World Health Organisation Healthy Cities Project: a project becomes a movement. Review of progress, 1987 to 1990.* Copenhagen, FADL Publishers for World Health Organization, Healthy Cities Project Office.

White, Deena *et al.* (2002). *Pour sortir des sentiers battus. L'action intersectorielle en santé mentale.* Québec, Les Publications du Québec.

Bibliographie

Études

Ashby-Noël, Diane (1991). *Villes et villages en santé: guide de réflexion sur l'intégration de la dimension santé dans un plan d'urbanisme*. Sous la direction de Marina Giroux Bédard. Département de santé communautaire, Hôpital général Lakeshore.

Charbonneau, F., P. Hamel et M. Barcelo (1990). *L'étalement urbain dans la région montréalaise: politiques et tendances*, Notes de recherche. Institut d'Urbanisme, août, p. 6-7.

Collin, Jean-Pierre et Chantal Beaudoin (1993). *Une proposition de partage régional de la croissance de l'assiette fiscale (Tax Base Sharing) pour Montréal et sa région*. Ville de Montréal, mars, 54 p.

Desbiens, Jacques (1993). *Tout savoir ou presque sur les 50 plus grandes villes du Québec*. Chicoutimi, 180 p.

Doucet, Marc (1992). *Les pouvoirs des municipalités en matière de santé publique*, Essai soumis à la Faculté de droit de l'Université de Sherbrooke. Sherbrooke, 189 p.

Fortin, Jean Paul *et al.* (1991). *Les conditions de réussite du mouvement québécois de Villes et Villages en santé*. Université Laval, Québec, 191 p.

Gouvernement de l'Ontario (1992). *Greater Toronto Area Urban Structure Concepts Study*. Rapport synthèse, juillet, 64 p.

Raymond, Chabot, Martin, Paré (1993). *Étude sur les redevances de développement*. Ville de Montréal, février, 64 p.

Journaux et revues

Association des directeurs généraux des municipalités du Québec (1993). *Le Sablier*, vol. 10, n° 4, Québec, mai.

Bélanger, Judith (1993). « Le blues du samedi soir », *L'actualité*, vol. 18, n° 6, Montréal, 15 avril, p. 45-47.

Bourne, Larry S. (1989). « Are New Urban Forms Emerging? Empirical Tests for Canadian Urban Areas », *The Canadian Geographer*, vol. 33, n° 4, p. 312-328.

Bussières, Yves (1989). « L'automobile et l'expansion des banlieues : le cas de Montréal », 1901-2001, *Urban History Review/Revue d'histoire urbaine*, vol. 18, n° 2, p. 159-165.

Chartrand, Luc (1993). « La meilleure ville du Québec », *L'actualité*, vol. 18, n° 6, Montréal, 15 avril, p. 29-34.

Chartrand, Luc (1993). « La fin des cheminées », *L'actualité*, vol. 18, n° 6, Montréal, 15 avril, p. 48-55.

Cloutier, Laurier (1993). « Sherbrooke : À faire rêver ! », *Journal La Presse*. Édition du vendredi 3 décembre, Montréal.

Cuff, Georges B. (1993). « What business are we in ? », *Urban Perspective*. Alberta Urban Municipalities Association, vol. 13, n° 10, Edmonton, décembre, p. 9-10.

Gendron, Louise (1993). « La fille de joie », *L'actualité*, vol. 18, n° 6, Montréal, 15 avril, p. 41-44.

Goyette, Robert (1993). « Le palmarès des villes », *L'actualité*, vol. 18, n° 6, Montréal, 15 avril, p. 16-25.

Greene, Sherwin (1992). « City Shape : Communicating and Evaluating Community Design », *Journal of the American Planning Association*. Vol. 58, n° 2, printemps, p. 177-189.

Kellas, Hugh (1992). « Greater Vancouver : Sustaining a Livable Region », *Plan Canada*. Novembre, p. 28-29.

Lachance, Roger (1991). *Décideur municipal… promoteur de la santé*. Réseau québécois des Villes et Villages en Santé, 9 p.

Larouche, Pierre (1994). « L'intégration des fonctions urbaines : nos universitaires parlent », *Habitabec Montréal*, Montréal, 13 mai.

MSSS (1991). « Villes et Villages en santé », *Santé et société*, vol. 13, n°s 3-4, Québec, automne, 49 p.

Thibault, Danielle (1993). « Une ville à la campagne », *L'actualité*, vol. 18, n° 6, Montréal, 15 avril, p. 38-39.

Trépanier, Marie-Odile (1994). « Plaidoyer pour une croissance urbaine équilibrée dans la région de Montréal », *Actualité immobilière*, vol. 18, n°s 2-3, p. 16-19.

Turenne, Martine (1993). « Rue principale, nouveau souffle », *L'actualité*, vol. 18, n° 6, Montréal, 15 avril, p. 64-66.

Vastel, Michel (1993). « Rouyn voit vert », *L'actualité*, vol. 18, n° 6, Montréal, 15 avril, p. 58-59.

Villedieu, Yanick (1993). « La science en province », *L'actualité*, vol. 18, n° 6, Montréal, 15 avril, p. 61-62.

Vivre Montréal en santé (1991). *Conditions d'adhésion – Critères de reconnaissance : Projet de « Quartier en santé »*, document de travail, janvier, 10 p.

Livres

Jauch, Lawrence R. et William F. Glueck (1990). *Management stratégique et politique générale*, McGraw-Hill, Montréal, p. 1-95.

Kemp, Roger L. (1988). *America's cities : Strategic planning for the future*. The Interstate Printers & Publishers, Danville, 270 p.

Larouche, Pierre (1992). *Villes de demain : Montréal, Québec, Sherbrooke, Trois-Rivières, Chicoutimi, Hull*. Éditions Villes nouvelles/Villes anciennes, Outremont, 225 p.

Osborne, David et Ted Gaebler (1992). *Reinventing government, How the entrepreneurial spirit is transforming the public sector*. Plume, New York, 405 p.

Pilette, Danielle (1991). *Introduction aux finances municipales*. Éditions Agence d'Arc, Ottawa, 213 p.

Riverin, Alphonse *et al.* (1984). *Le management des affaires publiques*. Éditions Gaëtan Morin, Chicoutimi, 425 p.

Thiétart, Raymond-Alain (1987). *La stratégie d'entreprise*. McGraw-Hill, Paris, p. 1-50.

Vachon, Bernard et Francine Coallier (1993). *Le développement local : théorie et pratique : réintroduire l'humain dans la logique de développement*. Éditions Gaëtan Morin, Boucherville, 331 p.

Publications et rapports

Asbhy-Noël, Diane et Marina Giroux (1991). *Guide de réflexion sur l'intégration de la dimension santé dans un plan d'urbanisme*. DSC Lakeshore, juillet, 55 p.

Commission royale sur l'avenir du secteur riverain de Toronto (1992). *Régénération – Le secteur riverain de Toronto et la ville durable : rapport final*. Toronto, p. 319.

Conférence des CADC du Québec (1992). *Les cahiers du développement local/ développer autrement*, vol. 1, n° 1, Québec, septembre.

Conférence des CADC du Québec (1992). *Les cahiers du développement local/ développer autrement*, vol. 1, n° 2, Québec, décembre.

Conférence des CADC du Québec (1993). *Les cahiers du développement local/ développer autrement*, vol. 1, n° 3, Québec.

Conseil des affaires sociales (1992). *Un Québec solidaire, Rapport sur le développement*. Éditions Gaëtan Morin, Boucherville, 182 p.

Desrosiers, F. (1994). «La localisation des nouveaux développements résidentiels et son impact sur la gestion des services publics locaux», *L'habitation: des stratégies gagnantes pour les années 1990*. Colloque de l'UMQ, Saint-Hyacinthe, 7 avril.

Desrosiers, F., B. Cook et M. Blanchet (1992). *Rapport de la Commission sur le maintien des institutions et les mesures de repeuplement des quartiers centraux de Québec*. Ville de Québec, février, p. 16-26.

Forum économique de Verdun (1993). *Je m'implique à Verdun et ça va changer! Résolutions des États généraux du 11 mai 1993*. Collectif, Unité de santé publique Verdun. 23 p.

MAM (1989). *L'aménagement du territoire et ses impacts financiers et fiscaux pour la municipalité*. Collection aménagement et urbanisme, Québec, 26 p.

MAM (1992). *La santé, c'est aussi l'affaire des municipalités!* Québec, 65 p.

MAM (1992). *Manuel de normalisation de la comptabilité municipale au Québec*. Québec.

Organisation mondiale de la santé, Santé et Bien-être social Canada et Association canadienne de santé publique (1986). *Charte d'Ottawa pour la promotion de la santé*. Ottawa, p. 3.

Raymond, Chabot, Martin, Paré (1992). *La tarification des services municipaux*. Montréal, 63 p.

Réseau québécois des Villes et Villages en santé. *Annuaire 1992*. Québec, 149 p.

Réseau québécois des Villes et Villages en santé. *Annuaire 1993*. Québec, 109 p.

Réseau québécois des Villes et Villages en santé. *Annuaire 1994*. Québec, 144 p.

Rues principales 1984-1993: L'impact du programme. Héritage Canada, région du Québec, 1994, 5 p.

Saucier, Serge (1991). «Qualité totale et services municipaux: le client avant tout!», allocution tirée de *Le citoyen avant tout*. Actes du 70e congrès de l'UMQ, mai, p. 19.

Sherbrooke, Ville en santé, un projet commun. Sherbrooke, novembre 1987, 5 p.

UMQ (1992). *La participation des municipalités dans le domaine de la santé et des services sociaux*, Rapport de recherche. Québec, 190 p.

UMQ (1993). *L'élu(e)... gestionnaire des fonds publics*, Manuel de formation. Hiver, 305 p.

UMQ (1993). *Rapport du groupe de travail sur la fiscalité*. Québec, avril.

UMQ et MAM (1994). *Une fois élu*. Les publications du Québec, Québec, 293 p.

UMRCQ (1993). *La gestion financière des municipalités*, Manuel de formation. Montréal, automne, 226 p.

UMRCQ (1992). *L'élu et son budget*, Manuel de formation. Montréal, automne, 200 p.

Ville de Montréal (1993). *Guide pour un portrait de quartier*. Montréal, 89 p.

Ville de Québec (1993). *À l'heure des choix, Mission, Valeurs, Orientations générales, Enjeux stratégiques*. Québec, 23 p.

Ville de Québec (1993). *Des idées... à l'action, Cibles stratégiques prioritaires et plan d'action 1994-1996*. Québec, octobre, 24 p.

Ville de Sherbrooke (1993). *Mission, vision, valeurs et grandes orientations*, Document non publié. Sherbrooke, novembre, 8 p.

Autres

Audy, Lorrain (1991). Atelier «Partenaire avec la police», présenté lors du Colloque Saint-Hyacinthe *Les Partenaires en prévention du crime*.

Le Petit Robert 1 (2000). Dictionnaire de la langue française, Paris.

Réseau québécois de Villes et Villages en santé: http://www.rqvvs.qc.ca/reseau/mission.asp. Consulté le 29 janvier 2009.

Marquis imprimeur inc.

Québec, Canada
2009